JN144080

Listen, Little Man!

Wilhelm Reich

復刻版 きけ 小人物よ！

ウィルヘルム・ライヒ　片桐ユズル 訳

新評論

W・ライヒ（左）とA・S・ニイル（1947年夏）

上：研究所で作業中のライヒ（1947年）
下：オルゴン・モーターの機能を説明するライヒ。左は本書の英訳者Th・P・ウォルフ(1948年)

復刻によせて——訳者巻頭言

本書の日本語訳がでたのは一九七〇年だから、四七年前のことだ。当時の「訳者あとがき」を読んでみたが、変えたいところはほとんどない。世の中ほとんど変わっていないとは、なんとおどろくべきことか。ライヒの名前もあまり聞かなくなった。ライヒはどこへ行ったのか？　宮沢賢治風にいえば、

かがやく宇宙の微塵となりて無方の空にちらばった、とでもいおうか。今日いわゆる「ボディ・ワーク」がたくさんあるが、「ボディ」といいながら体育会系ではなくて、むしろボディ・マインド・ワークまたはマインド・ボディ・ワークと呼んだらよいか、心身相関にはたらきかける訓練を最近では総称して「ソマティックス」というようになった。これらソマティック・ワークは間接的または直接的にライヒの影響下にある。ライヒはフロイトの「精神」分析から発したが、やがて筋肉のよろいを発見するにいたった。筋肉のもみほぐしから精神の解放にいたる治療の過程を患者の立場から明快に描いたのが

一九七一年に出たオーソン・ビーンの『オルゴン療法がわたしを変えた』(片桐ユズル訳、星雲社、一九九〇年)だ。

ライヒの心身一体感をさらに強めた女の力があった。ライヒは一九三〇年にベルリンへ移住したが、そこではエルザ・ギンドラー先生の「教室」があり、あるがままのこころとからだに気づくことを深めていた。ギンドラーは体育の教師をしていたが、肺結核であることを診断された。診療所にはいる金がないほど貧しかった彼女は自分でなおすことに決めた。良い方の肺だけで呼吸し、悪い方の肺を休ませることで、なおしてしまった。この経験から、自分の心身状態に気づくことを教えはじめた。ダンサーだったライヒの二回目の妻、エルザ・リンデンベルクはギンドラーの教室にかよっていたので、彼女をとおして、からだからのアプローチのたいせつさがライヒにはいってきた。もうひとりのダンサー、シャーロット・セルバーもギンドラーの生徒だったが、一九三四年にニューヨークにわたり、エーリッヒ・フロムなどに影響をあたえた。やがてアメリカ西海岸のエサレンでワークショップをするようになり、一九七四年に夫のチャールズ・ブルックスが『センサリー・アウェアネス』(伊東博訳、誠信書房、一九八六年)という本にまとめ、いままで名前のなかったギンドラーの方法がこの名前で呼ばれるようになった。エサレンではライヒ療法やゲシュタルト療法などとの交流もおおいにあった。

エサレンからは大勢のひとたちがインドの和尚ラジニーシのコミューンへ行くようになり、そこでライヒ療法が実行され、発展させられた。東西文化の交流地帯である地の利をいかして、西洋の先端科学と東洋の伝統的修行法がたすけあって、いろいろな実験や実践が行われた。それまでは治療法として、一対一の個人セッションでしかできなかったことが、グループ・ワークでできるようになった。セラピストがいなくても、自分のめんどうを自分で見ることができるようになった。「ダイナミック・メディテーション」はもっとも露骨にライヒ的であるが、その他いくつもの瞑想法がある。これら和尚系のワークにかぎらず、多くのソマティック・ワークは、ライヒ由来であることが明言されず、あるいは忘れられたままになっている。ライヒを名乗っている数少ない組織は日本では、

ＢＩＰＳ（BIO Integral Psychotherapy School）http://www.bodypsychotherapy.jp/

世界では

James DeMeo's Orgone Biophysical Research Lab（ＯＢＲＬ）http://www.orgonelab.org

わたしは専門家ではないから細かいことは言えません。あとは自分でしらべてください。よろしく、

片桐ユズル

二〇一七年一月

復刻版　きけ 小人物よ！

凡例

1　本書はWilhelm Reich, *Listen, Little Man !*（translated by Theodore P. Wolfe, with illstrations by William Steig, Orgonen Institute Press, 1948）の日本語版として、一九七〇年に太平出版社から刊行された『きけ 小人物よ！』（ウィルヘルム・ライヒ著作集3）の復刻版である。オリジナルはドイツ語で書かれた*Rede an den kleinen Mann*, 1945であるが、著者ライヒの思想を深く理解していたＴｈ・Ｐ・ウォルフによる英訳をテキストとした。

2　原テキストにはウィリアム・スタイグによるイラストが付されているが、太平出版社版ではあえて赤瀬川原平氏によるイラストを添えるという試みが行われた。赤瀬川氏のご遺族の承諾を得て、本復刻版でもそれを踏襲する。なお、イラストの点数は原テキストのそれと同じである。

3　原文には章節の区切りはないが、本訳書では便宜上、二四の章に分けた。

4　Sex-economyは、文脈にしたがって「性経済論」と「性経済」

とに訳しわけた。

5　原テキストには通常の書体のほかに、（a）イタリック体、（b）大活字の大文字、（c）小活字の大文字で書き表わされた部分がある。（a）には傍点を付し、（b）はゴチック体、（c）は太明朝体・傍線で示した。

6　訳注は当該語句右横の〔　〕内に通し番号で示し、巻末にかかげた。

復刻版　きけ 小人物よ！　目次

挿画：赤瀬川原平

われを嘲笑する汝みせかけの重要人物よ
汝が世界を支配するかぎり
汝の政治はなにによりより繁栄するのか？
つきさす短剣と殺人により！
——シャルル・ド・コス『ウレンスピーゲル』

ある特定の個人に似ていることがあっても、
それはすべて偶然であり故意ではない。

はじめに

『きけ 小人物よ！』は、科学的記録というよりは人間的記録だ。それは一九四五年夏にオルゴン研究所資料保存室のために書かれ、発表する意図はなかった。それは何十年にもわたって、はじめはナイーヴに、やがて驚きをもって、ついには恐怖をもって、市井の小人物が自分自身にたいしてなにをするか観察してきた自然科学者であり医者である著者の内部における嵐と葛藤の結果である。小人物がいかに苦しみ反抗するか、かれがいかに敵を評価し友人をころすか、かれが「人民の代表」として権力をにぎるたびに、いかにこの権力を乱用し、以前にかれが上流階級のサディストたちのもとで苦しんだよりも、もっと残酷な力にしてしまうことか。

この小人物にたいする「はなしかけ」はゴシップと中傷にたいするしずかな答えである。何十年にもわたって、感情の疫病がくりかえしくりかえしオルゴン研究をころそうとした（注意すべきことは、それがまちがっていることを証明することによってではなく、中傷によってであったことだ）。オルゴン研究は人間の生命と健康にたいするたいへんに重い責任をもっている。この事実があるので、この「はなしかけ」を歴史的記録として出版することは正当である。「市井の人」

にとって科学実験室でなにがおこりつつあるか知ったり、経験ある精神病医にとって自分がどのようにみえるか知ったりすることは必要だとおもう。かれは現実を知らなくてはならない。そのことだけが、かれの権力への破滅的なあこがれを防ぐのだ。かれは仕事においてであろうと、愛においてであろうと、憎しみやうわさばなしにおいてであろうと、どのような責任を自分自身がもっているのか、はっきりと示さなくてはならない。かれは、それが黒であろうと赤であろうと、いかにしてファシストになるか知らなくてはならない。生命とわれわれの子どもたちの安全のためにたたかう者は、黒いファシストだけでなく赤いファシストにも反対しなくてはならない。それはこんにちの赤いファシストが、むかしの黒いファシストのように、殺人的なイデオロギーをもっているからではなく、元気な健康な子どもをかたわのロボットの道徳的白痴にしてしまうからだ。かれがもたらすものは、権利より国家であり、真実よりうそであり、生活より戦争だ。子どもだけが、子どものなかの生命をまもることだけが、われわれにのこされた唯一の希望だ。教育者と医者にはただひとつの忠誠があるだけだ、子どもと患者のなかの生命にたいする忠誠が。もしこの忠誠が厳密にまもられれば、「外交政策」といった大問題もまたかんたんな解決をみるだろう。

この「はなしかけ」は、ひとがこのパターンをまもるべきだとはおもっていない。これは生産的な幸福な個人の感情的生活における嵐をえがいている。それはひとを説得したり獲得したりしようとはしていない。それは、雷雨の絵をかくように経験の絵をかいた。読者はこれを好まなくてよい。読んでも読まなくてもよい。これには目的も計画もはいっていない。これがのぞんでいるのは、詩人や哲学者には否定されたことがない個人的権利を、研究者や思想家にも獲得することだ。これは抗議であるのだ、安全なかくれ場所から、勤勉な研究者めがけて毒矢を射る感情的疫病の、かくされ目につかない意図にたいしての。これは、感情的疫病とはなにか、それはどのように作用し、進歩を退行させるのかを示す。これはまた、「人間性」の奥底にうもれているばくだいな未発掘の宝が、人間の希望をみたす役にたつために準備されていることを証言する。

生きものたちは、それの社会的・人間的相互関係のなかにあって純真でやさしいものだから、現在の状況下にあっては、危険にさらされている。それはとうぜん、まわりの人間も生きものの法則にしたがいやさしく、たすけたり、あたえたりしてくれるものだと、おもいこんでいる。感情的疫病があるかぎり、この健康な子どもや未開人の、自然な基本的態度は、生活の合理的秩序をもとめるたたかいにおいて最大の弱点となる。というのは疫病にかかった人間はまた、まわりの人間が自分とおなじ考えと行動の特色をもつとおもいこんでいるからだ。やさしい人は、すべての人間はやさしいと信じ、そのように行動する。疫病にかかった人は、すべての人間がうそをつき、ごまかし・ぬすみ・権力にあこがれる、と信じている。そこで、あきらかに、生きものは不利で危険にたたされる。それが疫病人間にあたえると、すいつくされ、ばかにされ、うらぎられる。それが信用すると、だまされる。

いつもそうだったのだ。生きものたちが自分自身の安全と発展のためのたたかいでかたさが必要なときには、かたくなるときがきている。そのようにして、もしそれが真理に勇気をもってしがみつくなら、そのやさしさはうしなわれないだろう。何百万人の勤勉な、まともな人たちのなかで有害な人間はほんのすこししかいなく、かれらがよろいを着た大衆心理の暗く危険な衝動にうったえかけ、かれらを組織的な政治的殺人にみちびくのだ。大衆のなかの個人の感情的疫病の細菌にたいする解毒剤はただひとつ、かれ自身が生きる生命を感じることだ。生きものは権力をもとめず、それが人間生活でしかるべき役割をはたすことをもとめる。これは愛・仕事・知識という三本の柱によってささえられる。

感情的疫病から生きものをまもらなくてはならない人は、アメリカにおけるような言論の自由の権利を、疫病人たちが悪いことのためにつかっているのとおなじくたくみに、良いことのためにつかうことを学ばなくてはならない。意見の発表において平等の権利をあたえられれば、合理性がついには勝つ。これは、たいせつな希望だ。

きけ　小人物よ！

1

あなたは「小人物」「平凡人」とよばれる。あたらしい時代「平凡人の時代」がはじまったといわれる。それをいうのはあなたではないのだ、小人物よ。それをいうのはかれら、大国の副大統領たち、出世街道の労働指導者たち、悔いにみちたブルジョワ家族のむすこたち、政治家たちや哲学者たちなのだ。かれらがあなたに未来をあたえ、しかもあなたの過去についてはたずねない。

あなたはおそるべき過去の子孫なのだ。あなたの遺産はあなたの手のなかで燃えているダイヤモンドだ。このことこそわたしは、あなたにいいたいのだ。

医者や、靴屋や、機械工や教師は、もし自分の仕事をして生活しようとするならば自分自身の短所を知らなくてはならない。ここ何十年間か、あなたはこの地球上において支配的な役割を演じはじめた。人類の将来がかかっているのはあなたの考えかたとあなたの行動なのだ。しかしあなたの教師たちは、あなたがほんとうはなにを考えていて、ほんとうはなになのかということをあなたに告げはしない。あなた自身の運命を支配することができるようにあなたをさせるための、ただひとつの批判さえもだれもあえていおうとはしない。あなたは、ただひとつの意味においてのみ「解放」されている。あなた自身の生きかたの基準となるべき教育から解放されており、自己批判から解放されている。

あなたが不平をいうのをきいたことがない。「あなたは、わたしが将来わたし自身とわたしの世界の主人になるとおっしゃいますが、どのようにして自分自身の主人になったらよいのかおしえてくれないではないですか。わたしの考えかたと行動にどんなまちがいがあるのかおしえてくれないではないですか」と。

あなたは権力者に「小人物のための」力をもたせる。しかし、あなた自身はだまったままだ。

あなたは、権力者や悪意の不能者たちにあなた自身を代表する権力をあたえる。くりかえしくりかえしあなたはだまされたことに気づくが、いつでもそれはおそすぎるのだ。

あなたのことはとてもよくわかる。なぜなら、何千回もわたしはあなたの裸を見た、肉体的にも精神的にも、仮面なしに、身分証なしに、「人望」なしのあなたを、生まれたてのように裸でパンツしかはいていない大元帥のように裸で。あなたはぐちをこぼし、わたしのまえで泣いた。あなたのあこがれについて語り、あなたの愛と悲しみをさらけだした。わたしはあなたを知っていて、わたしはあなたがわかる。あなたがどんなだか、小人物よ、わたしはあなたに告げよう。なぜなら、わたしは心からあなたの偉大な将来を信じるからだ。うたがいもなく、それはあなたのものだ。だから、まず第一に、自分自身を見つめてごらんなさい。あるがままのあなたをごらんなさい。あなたの指導者たちや代表者たちがあえて語らないところのものをききなさい。

あなたは「ちっぽけな、平凡人なんだ」、「ちっぽけ」と「平凡」ということばの二重の意味を理解しなさい。

逃げてはいけない、自分自身を勇気をもって見つめなさい！

「いったいなんの権利があってわたしにおしえたがるのだ？」。この疑問があなたの心配そうな顔にあらわれている、この質問があなたのいばった口からきこえてくる、小人物よ。あなたはあ

なた自身を見ることをおそれている、あなたは批判をおそれている、小人物よ。それとおなじくかれらがあなたに約束した権力をおそれている。あなたはこの権力をどう使ったらよいかわからないだろう。あなた自身をいまとちがうように経験することがあるなどとは、おもいもよらないだろう。ビクビクしているかわりに解放され、かけひきするかわりにあけはなしで、夜の泥棒のようであるかわりに愛にみちたあなたを。あなたはあなた自身をきらっている、小人物よ。あなたはいう、「わたし自身について意見をもち、わたし自身の生活を決定し、世界がわたし自身のものだと宣言するわたしとはいったいだれなのだ?」。あなたはただしい。あなたの命にたいして権力を要求するあなたとはだれか? あなたがだれであるかおしえてあげよう。

あなたがほんとうの大人物とちがうのはただひとつのことだけだ。大人物もかつては、とても小人物だった。だが、かれはひとつの重要な能力を開発した。かれは自分の考えと行動においてどこがよわいか知ることを学んだ。自分自身にとってたいせつな仕事の圧力のもとで、かれはますますよく自分のよわさとちいささからくる脅威に気がつくようになった。だから、大人物はいつなにおいて自分自身が小人物であるか知っている。小人物は自分がちいさいということを知らず、それを知ることをおそれている。かれは、自分自身のちいささとせまさをつよさと偉大さの幻影、他人のつよさと偉大さの幻影でもってかくしている。かれはえらい将軍たちを誇りにするが自分自身を誇りにしない。かれは自分で考えたのでない考えを尊敬するが、自分で考えた考えは尊敬しない。かれは、わからないものほどますます信じ、自分でもっとも容易に理解できる考えの正確さを信じない。

2

わたし自身のなかの小人物からはじめよう。

二五年間、書いたり、しゃべったりして、わたしはあなたのこの世における幸福への権利を主張しつづけた。あなた自身に属するものをあなたが取ることのできないその不能を非難しつづけた。あなたは確保できなかったではないか、パリとウィーンのバリケードの血みどろのたたかいで得たものを、アメリカの独立で得たものを、ロシア革命で得たものを。あなたのパリはペタンとラバルに、あなたのウィーンはヒトラーに、あなたのロシアはスターリンにおわり、あなたのアメリカはクー・クラックス・クラン[1]の独裁におわることもありうる。あなたは自由を得ることは知っていても、あなた自身と他人のために確保することを知らない。わたしは、このことがながいあいだわかっていた。わたしがわからなかったのは、なぜあなたがひとつの泥沼からいっしょうけんめいぬけだすごとにもうひとつのもっと悪いところに落ちこんでしまうということだ。だがだんだん手さぐりに、なにがあなたを奴隷にするかがわかってきた。**あなた自身を奴隷にかりたてるのはあなた自身なのだ。**ほかにはだれも――あなた自身の奴隷化の責任をもつ人はほかにはだれもいない。これは初耳ではないだろうか？　あなたの解放者たちは、あなたに告げる。あなたを圧迫してきたのはウィルヘルム、[2]ニコライ、[3]グレゴリオ二八世法王、モーガン、[4]クルップ[5]やフォード[6]だ。そしてあなたの「解放者たち」はムッソリーニ、ナポレオン、ヒトラー、スターリンとよばれる。

わたしはあなたにいおう、あなたを解放できるのはあなただけしかない！

この文章をわたしは口ごもる。わたしは、純粋と真実のための戦士のつもりだ。そしていま、あなた自身についての真実をいわなければならないときに口ごもる。なぜなら、わたしは真理にたいするあなたとあなたの態度がこわいのだ。あなたについての真実をはなすことは生命の危険がある。真実はまた生命をたすけるが、それはあらゆるギャングがねらうものになる。もしそうでなかったら、あなたはいまあるところにはいなかっただろう。

わたしの知性は命ずる、真実をいえ、なにがおころうとも。わたしのなかの小人物がいう、自分自身を小人物のまえにさらけだし、かれの意のままにするのはおろかだ。小人物は自分自身に

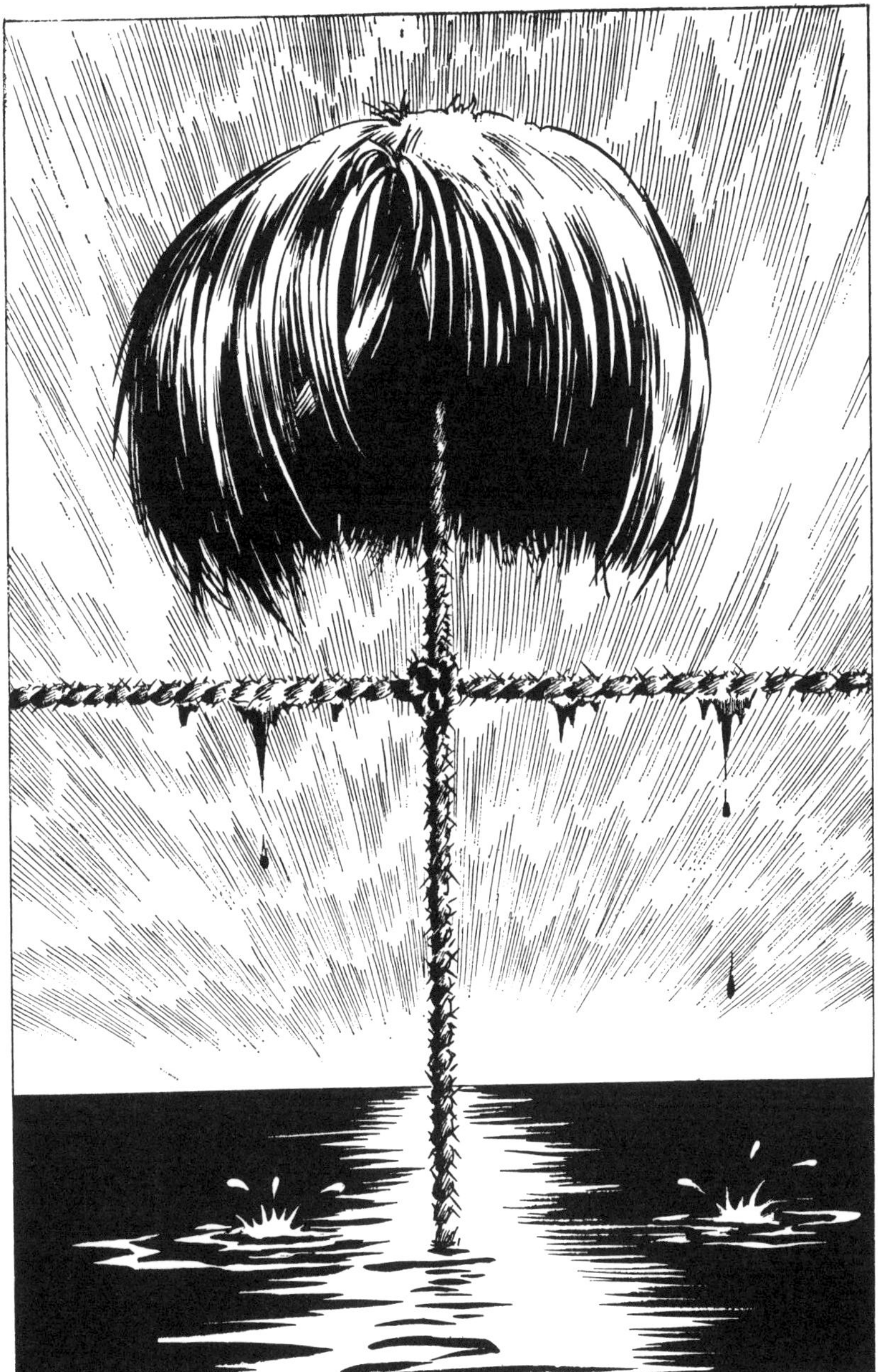

ついての真実をききたがらない。かれは、自分自身のもつべきおおきな責任を欲しない。かれは小人物のままでいたがるか、またはちいさい大人物になりたがる。かれは、金持ちや政党の指導者や師団の指揮官や悪徳廃止協会の秘書にはなりたがる。しかし、かれは自分自身の仕事、食糧の供給、住宅・交通・教育・研究・行政、といったもろもろの責任はとりたがらない。

わたしのなかにある小人物がいう。「あなたは大人物になったではないか、ドイツ、オーストリア、スカンディナヴィア、イギリス、アメリカ、パレスチナなどで知られている。共産党は、あなたに反対している。『文化的価値の救済者たち』はあなたを憎んでいる。あなたの学生は、あなたを愛している。あなたが見た患者たちは、あなたを尊敬している。感情的疫病に悩まされているものたちは、あなたを追いかけている。あなたは生命の悲惨、小人物の悲惨について一二冊の本と一五〇の論文を書いた。あなたの発見と理論は、大学でおしえられている。ほかの孤立した大人物たちはいう、あなたはとても大人物だと。あなたは、科学の歴史における知的巨人にたとえられる。あなたは、何世紀にいくつという大発見をした。すなわち宇宙的生命エネルギーと生命作用の法則を発見した。あなたはガンをわかりやすくした、あなたは国から国へ追われた、なぜなら真実を告げたから。さあ、気楽にしなさい。あなたの努力の果実をたのしみ、名声をたのしみなさい。二〜三年のうちにあなたの名前はいたるところできかれるだろう。あなたはじゅうぶんにやった。さあ、しりぞいて書斎にこもり自然の法則を研究しなさい！」。
小人物であるあなたをおそれているわたしのなかの小人物がこのようにいった。

3

ながいことわたしは、あなたと密接だった。というのは、わたし自身の経験からあなたの生活を知っていたし、またわたしはあなたをたすけたかったからだ。わたしは接触をつづけた、なぜなら、わたしはほんとうにあなたの役にたち、またあなたはわたしのたすけをしばしば涙を浮かべてもとめたとおもったから。だんだんにわかってきたことは、あなたはわたしのたすけをよろこぶがそれをまもることができないことだ。わたしはそれをまもり、あなたにかわってたたかった。そしてあなたの指導者たちがやってきてわたしの仕事をぶちこわした。あなたはだまったままかれらにしたがってしまった。そこでわたしは、自分自身を破滅させずにあなたの指導者にも犠牲者にもならずに、どのようにしてあなたをたすけることができるか知るために接触をはじめた。わたしのなかにある小人物はあなたを獲得し、あなたを「たすける」ことを欲した。それがなんだかぜんぜんわからないままに、あなたが「高等数学」を尊敬するのとおなじように、わたしを尊敬することをのぞんだ。理解できないほど、あなたは尊敬したがる。あなたはニーチェよりもヒトラーを知り、ペスタロッチよりもナポレオンを知っている。あなたにとってジグムント・フロイトよりも王さまのほうがおおきな意味をもつ。わたしのなかの小人物は、指導者の方法でふつうおこなわれるようにしてあなたを獲得することをのぞむ。「あなたを解放にみちびく」のがわたしのなかの小人物だというときに、わたしはあなたがこわくなる。あなたはあなた自身をわたしのなかに発見するだろうし、わたしはわたし自身をあなたのなかに発見しこわくなり、わたしのなかのあなたをころすかもしれない。この理由で、だれの奴隷にでもなるためのあなたの自由のために死ぬのはやめた。

　わたしがいまいったことをあなたが理解できないことはわかっている。「だれの奴隷にでもなる自由」は単純なことではない。

　ひとりの主人の奴隷であることをやめてだれの奴隷にでもなり得るためには、まず第一にひとりの圧制者を、たとえばツァーをとりのぞかなければならない。この政治的殺人は、自由というたかい理想や革命的な動機なしではおこなうことはできない。そこで人は、ほんとうの大人物、たとえばイエスとかマルクス、リンカーンとかレーニンの指導のもとに革命的自由の政党をつくる。ほんとうの大人物はあなたの解放をおそろしくまじめに考える。それが実行されるためには、

かれはかれのまわりにおおくの小人物たち、てつだいや使いはしりをもたなくてはならない。なぜなら、かれひとりではこの巨大な仕事はできないからだ。さらにあなたは、かれを理解しないにちがいない、あなたは、かれを道でたおれたままにしておくにちがいない、もしかれがおおきな小人物たちによってとりかこまれていないなら。おおくの大＝小人物たちにとりかこまれて、かれはあなたのために権力、または一片の真理、またはあたらしい、よりよい信仰を獲得する。かれは福音書、解放の法律、そのほかを書き、あなたのたすけと誠実さをあてにしている。かれはあなたを社会的泥沼からひっぱりだす。おおくの大＝小人物たちを団結させ、あなたの信頼をうしなわないために、ほんとうの大人物たちは自分自身のおおきさをひとかけら、またひとかけらと犠牲にしなくてはならない。かれ自身のおおきさというものは、あなたとあなた自身の毎日の騒音からとおく離れ、あなたの生命と密着しながら、もっともふかい知的孤独のなかにおいて到達できたものだ。あなたをみちびくことができるためにかれはあなたがかれをちかよりがたい神に変形することを許さなくてはならない。もしかれがむかしのままの、たとえば、婚姻届なしに女を愛するようなそういうふつうの人間のままだったら、あなたはかれを信用しないだろう。こういったふうに、あなた自身があなたのあたらしい主人をつくるのだ。あたらしい主人の役割にまつりあげられて、大人物はかれのおおきさをうしなう、なぜならそのおおきさはかれの率直

さ・素朴さ・勇気と生命とのほんとうの接触からなりたっていたからだ。大＝小人物たちは、かれらのおおきさを大人物たちから得ているが、外政・外交・政府・科学や芸術の重要な位置をしめ、あなたは——あなたがいたところに残る、泥沼のなかに。あなたは「社会主義的未来」や「第三帝国」のためにボロを着て歩きつづける。あなたはわらぶきの泥の家に住み、壁は家畜のふんでおおわれている。しかし、あなたはあなたの文化の宮殿を自慢する。あなたはあなたが主権者であるという幻影に満足している。——つぎの戦争がおこりあたらしい主人たちの没落がはじまるまでは。

4

とおくの国ぐにで小人物たちがいっしょうけんめい研究したのは、だれの奴隷にもなりたがるあなたの欲望であった。そしてほんのちょっとの知的な努力があれば人はおおきな小人物になれるということを知った。これらのおおきな小人物たちはあなたの階級からくるのであって宮殿や大邸宅からくるのではない。かれらはあなたとおなじく飢え耐えしのんできた。かれらは主人たちをとりかえるプロセスをかんたんにした。あなたの自由について百年間もいっしょうけんめいにしてきた知的な仕事、あなたの自由のために払った個人的犠牲、あなたの自由のために生命を捧げさえもしたことが、あなたのあたらしい奴隷化というあまりにもたかい代償であったということがわかった。ほんとうに偉大な思想家たちが、自由のために百年間にもわたって苦心し悩んできたことが、五年もしないうちに破壊されてしまったのだ。あなたの階層の小人物たちがその過程をちぢめたのだ。かれらはもっとあからさまにまたもっと非情にやるのだ。さらに、かれらはおおくのことばをならべてあなたにこう告げるのだ。あなたとあなたの生命、あなたの家族とあなたの子どもは無でしかない。あなたはばかで、ペコペコするよりほかはなく、あなたにたいしてはしたいほうだいができる。かれらはあなたの個人的自由を約束しないが、国家の自由を約束する。かれらはあなたの人間的自由を約束しないが国家にたいする尊敬を約束する。個人の偉大さではなくて国家の偉大さを約束する。「個人的自由」「個人の偉大さ」は、あなたにとって雲をつかむような概念でしかなく、いっぽう「国家の自由」「国家の利害」は、骨を見た犬のようにあなたをよだれでいっぱいにするので、あなたは大声をあげてそれらを歓迎する。それらの小人物たちのだれひとりとして、イエス、チャーチル、マルクス、リンカーンのようにほんとうの自由にたいして支払おうとするものはいない。かれらは、あなたを愛さない。かれらは、あなたをきらう。なぜならば、あなたがあなた自身をきらっているからだ、小人物よ！　かれらはあなたをよく知っている。ロックフェラーや保守主義者たちよりもずっとよく知っている。かれらは、あなたの最大の弱点をよく知っている。それはほんとうはあなた自身が知っているべきことなのだ。かれらはあなたをシンボルのために犠牲にし、あなたはかれらをかついで権力の座にはこんでいく。あなたの主人たちはあなたによってたかめられ、あなたを養分として育つ。かれらがすべての仮面をぬいでいるその事実にもかかわらず、というよりはその事実のゆえに。じっさい、かれらはおおくのことばを使ってあなたに告げる、「あなたは責任をとれない小人物であり、ずっとこれからもそうなのだ」。するとあなたはかれらを「救世主」「解放者」とよび、「ばんざい、ばんざい」とさけぶ。

こういうわけでわたしはあなたがこわいのだ、小人物よ、ほんとうにこわいのだ。なぜならば人類の運命はあなたにかかっている。わたしはあなたがこわい、なぜならばあなたが逃げているのはあなた自身からであるからだ。あなたは病んでいる。とても病んでいるのだ、小人物よ。それはあなたの罪ではない。しかしこの病気を取りさるのは、あなたの責任だ。あなたの圧制者たちをずっとむかしにふりはらうことはできていたはずだ、もしあなたが圧制を許したり、またそれを積極的に支持したりしなかったならば。世界のどのような警察力といえどもあなたを制圧できるほど強くない。もしあなたが日常生活において、ほんのすこしでもいいから自尊心をもって

いたら、もしあなたが、心の奥底であなたなしには生活は一時間といえどもおこなわれないのだということを知っていたならば。あなたの「解放者」はそのことを告げたか？　ノー。かれはあなたを「世界のプロレタリア」とよんだが、あなたが、あなただけが（「祖国の名誉」のために責任があるのではなく）あなたの生活にたいして責任があるとあなたに告げはしなかった。

あなたはわかるはずだ、あなたの小人物をしてあなた自身を圧制していたことが。またあなたはあなた自身のほんとうの大人物を殉教者にしていたことを。あなたはかれらを十字架につけころしたり飢え死にさせた。あなたは、かれとかれらがあなたのために働いたことをかえりみなかった。あなたはあなたの生活に、もしなにかみたされたことがあるとすれば、これはかれらに負うているのだということを、これっぽかしも考えることがない。

あなたはいう、「あなたを信用するまえにあなたの人生哲学を知りたい」。あなたがわたしの人生哲学をきけばあなたは警察へ走るだろう。または「非米活動委員会」、またはＦＢＩ、ゲー・ペー・ウ、または『週刊誌』、またはクー・クラックス・クラン、または「世界のプロレタリアの指導者」、または、ついに、あなたは逃げるだろう。

わたしは、赤でもなければ黒でもなければ白でもなければ黄色でもない。

わたしは、キリスト教徒でもなければユダヤ教徒でもなければ回教徒でもなければモルモン教徒・一夫多妻主義者・同性愛者・無政府主義者でもなければボクサーでもない。わたしは、わたしの妻をだく。なぜならわたしは彼女を愛し、彼女を欲しているからであり、わたしがたまたま結婚許可書をもっているからとか、わたしが性的に飢えているからではない。わたしは子どもをなぐらない。わたしは魚釣りをしないし、シカやウサギを撃たない。しかしわたしは射撃がうまく、射的をするのはすきだ。

わたしはブリッジをしないし、わたしの理論をひろめるためにパーティーをしたりしない。もしわたしのおしえることがただしければ、それはしぜんにひろがるだろう。

わたしは、わたしの仕事をいかなる保健官僚にもゆだねないだろう、かれがそれをわたしよりもよくマスターしたのでないかぎり。またわたしの発見の理論と実際をだれがマスターしたかをきめるのはわたしだ。わたしはあらゆる法律を厳密にまもる、それに意味があるかぎり。しかし、それが時代おくれになったり無意味であるばあいはわたしはたたかう（警察へ走ったりしなさんな、小人物よ。なぜならば警察だって検事だって、もしもまともな人間であるならば、おなじことをするはずだ）。

わたしは、子どもたちや青年たちが愛における肉体的幸福を経験し危険なしにそれを楽しむことができることをのぞんでいる。

わたしは信じない、良いほんとうの意味で宗教的であるために、人の愛情生活が破壊されたり、肉体と精神がかたくなり、ちぢこまらなければならないということを。

わたしは知っている、あなたのいわゆる「神」がほんとうに存在することを。しかし、それはあなたがおもっているのとはちがったしかたでだ。それは宇宙における根源的宇宙的エネルギーとして、あなたの肉体におけるあなたの愛として、あなたのなかとあなたのまわりにあるしぜんな率直な感じとして。

わたしはどんないいかげんな口実でも、患者や子どもにたいするわたしの医学的教育的仕事にたいして干渉しようとする人間にはだれにたいしてでも出ていけというだろう。いかなる公開の法廷においてでもわたしはかれにきくだろう。ひじょうにかんたんではっきりした質問で、それ以後かれが屈辱をもちつづけなくては答えることができないような質問をするだろう。なぜならわたしは、人間というものが内部でほんとうにどうなっているのかということを知っている労働者であり、人間はなにものかであるということを知っている。わたしが欲しているのは世界を治めるために働くことであり、働くことについての意見ではない。わたしはわたし自身の意見をもち、真理とうそを見わけることができる、なぜなら、毎日毎時間わたしは真理を道具のように使い、使ったあとできれいにしまっておく。

5

わたしは心からあなたをおそれているのだ、小人物よ。いつもそうではなかった。わたし自身が小人物であったのだ、何百万人の小人物のなかで。そして、わたしは自然科学者になり、精神病医になった。そして学んだことは、あなたがいかに病いが重く、あなたのその病いがいかにあなたにとって危険かということだった。わたしが学んだ事実は、毎日毎時間あなたを抑圧するのは外部の力ではなくて、あなた自身の感情の病いだということだ。外部の圧力がないかもしれないが、もしあなたが内部においていきいきとして健康であったならば、ずっとむかしに圧制者をやっつけていたはずだ。あなたがたの圧制者たちはあなた自身の階層の出身である、ちょうど過去に支配者たちが社会の上層から出てきたように。かれらはあなた自身よりももっと小人物なのだ、小人物よ。なぜならば、あなたのみじめさを経験から知り、この知識を使ってあなたをもっとうまく、もっときびしく、抑圧するためにはひじょうな卑小さをもたなくてはならない。

あなたは、ほんとうの大人物にたいする感覚をもたない。あなたのためにかれのやりかたで生き、かれ流に苦しみ、かれ流にあこがれ、かれ流に怒り、かれ流にたたかうことはあなたにはピンとこない。あなたを抑圧したり搾取したりすることができない男や女がいることがあなたは理解できない。しかし、かれらはほんとうにあなたが自由になり、真実になり、正直になることを欲している。あなたはこれらの男女を好まない。というのは、かれらはあなたの生きかたにピンとこないからだ。かれらは、単純ですなおだ。かれらにとっては、真実があなたにとっての戦略とおなじだ。かれらはあなたを見透かすが、あざ笑うのではなくて、人間の運命を見て苦しむのだ。しかし、あなたは見透かされた気がして危険を感じる。あなたがかれらを歓迎するのは、小人物よ、ほかのおおくの小人物たちがあの人は大人物だということをあなたに告げるときだけだ。あなたは大人物をおそれている、かれが生命に密着し、かれが生命を愛していることを。大人物があなたを愛するのはたんに生きた動物として、生きた生物としてなのだ。何千年も苦しんできたように、あなたが苦しむのを見るのがかれはいやなのだ。何千年もそうであったように、あなたがうわごとしかしゃべれないのをきくのがかれはいやなのだ。荷物をせおった牛馬のようなあなたを見るのがかれはいやなのだ。なぜならかれは、生命を愛し、それが苦しんだり、はずかしめを受けたりするのを見たくないからだ。

　あなたがほんとうの大人物たちを追いたててしまうので、ついにかれらはあなたをきらい、あなたとあなたのくだらなさによって苦しめられ、かれらはひきこもってあなたをさけ最悪のばあ

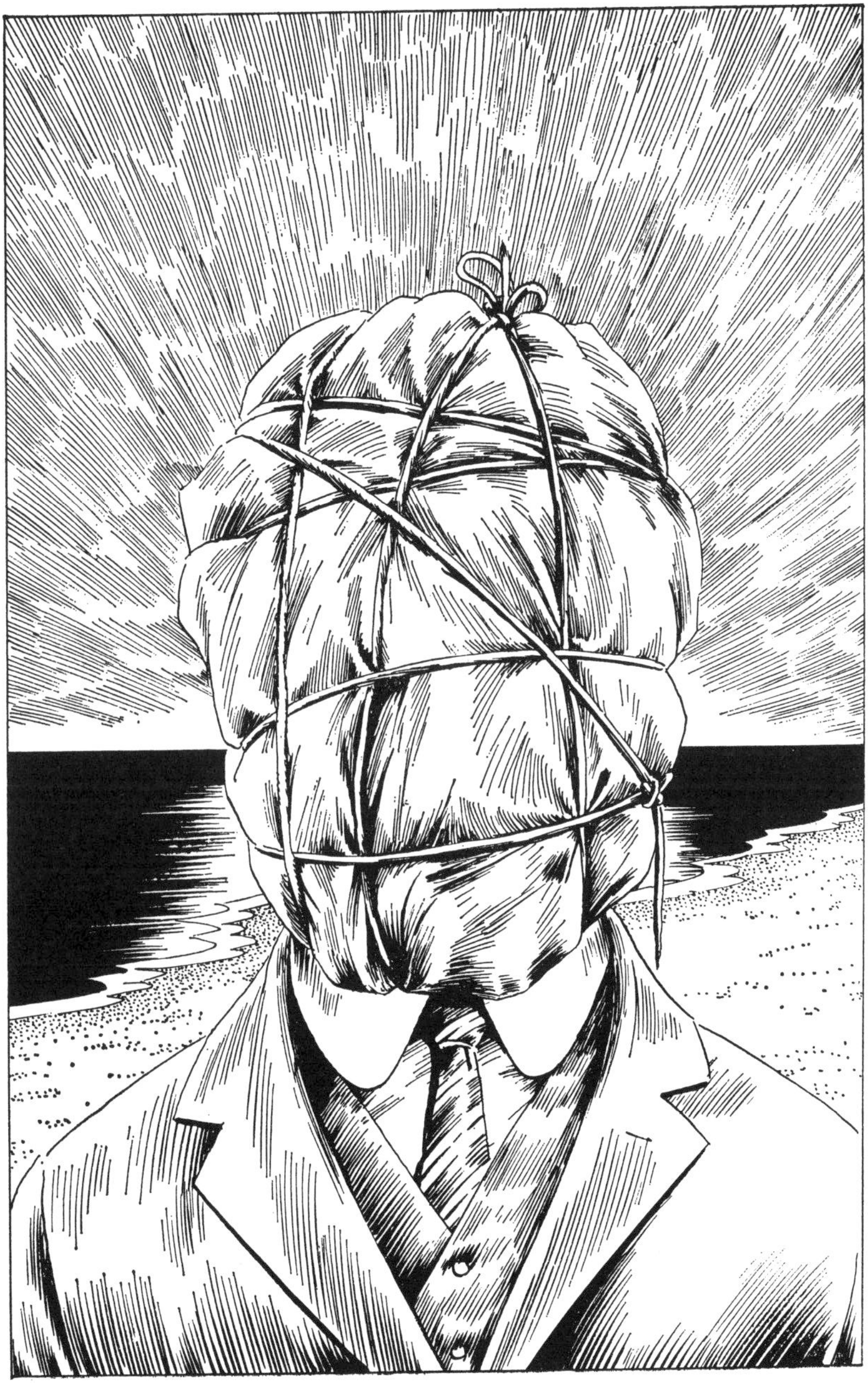

いにはあなたをあわれみはじめる。小人物よ、もしあなたが精神医であったら、たとえばロンブローゾであったら、あなたは大人物に一種の犯罪者、または良いことのできなかった犯罪者、または精神病者というレッテルをはるだろう。なぜなら大人物は、あなたとちがって生きることの目的は金をためたり、娘に社会的にけっこうな結婚をさせたり、政治家になったり、学位やノーベル賞をもらったりすることだけだとはおもっていないからだ。その理由であなたとちがうので、あなたはかれを「天才」または「変人」とよぶ。かれは、それに反して自分は天才ではなく、たんに生きものにすぎないといいたがる。あなたはかれを「非社会的」とよぶ。なぜなら、かれがのぞむのは自分の思想と書斎や自分の仕事と実験室にこもることであり、あなたの空虚なかたことの社交的「パーティー」ではないからだ。あなたはかれをきちがいじみているとよぶ。なぜならかれは債券や株を買うかわりに科学的研究のために金を使うからだ。あなた、小人物はあつかましくも、あなたの底なしの堕落のせいで、かざらない率直な人間を「異常」とよんで、あなた自身「正常」「ホモ・ノルマリス」の原型と比較する。あなたはあなたのちっぽけなものさしでかれをはかり、かれがあなたの正常さの規格にあわないことを発見する。あなたにはわからないのだ、小人物よ。あなたにたいする愛にみちあふれ、墓場であろうと、王宮であろうと、あなた自身が耐えがたくした社会生活からあなたをたすけだそうと手ぐすねひいているかれを追いだす

ピチャッ

のはあなたなのだ。何十年も胸をいためる苦しみのあとでかれがどうなったか、だれがかれをそうさせたか？　それはあなたが、あなたの無責任と偏狭さとあなたのまちがった考えかたと十年間も社会的発展についていけないあなたの「絶対たしかな自明の理」でしたことなのだ。あなたが絶対たしかだと誓ったことが第一次と第二次世界大戦のあいだでどのようになったかを考えてごらん。どこまであなたが正直にまちがいを認めたか、どれほどあなたがひっこめたか？　ぜんぜんなにもだ、小人物よ。ほんとうの大人物は注意ぶかく考える、しかしひとたびなにか重要な考えをえたら、かれはながい見とおしで考える。小人物よ、あなたの思想は卑小ではかないが、大人物の思想はただしくそしてながもちがするのに、かれを賤民にしたてるのはあなたなのだ。かれを賤民にすることによって、あなたはおそるべき孤独の種を植えつける。偉大な仕事をつくりだすような孤独の種ではなくて、あなたによって誤解され虐待されることをおそれる種なのだ。なぜならば、あなたは「人民」「世論」であり「社会的良心」であるからだ。一度でもあなたは、小人物よ、このようなことにふくまれている巨大な責任について正直に考えたことがありますか？一度でもあなたは――正直に――自分自身にきいたことがありますか、あなたの考えがただしいかどうか、社会的変化や自然や、偉大な、たとえばイエスのような、人間的行為の観点から考えたことがありますか？　いや、あなたは自分の考えがまちがっているかどうか自分にきくことはしなかった。そのかわりに自分自身にきいたことは隣の人はなんというだろうかとか、あなたの正直が金銭上どんな損害をあたえるだろうか、ということだった。これが、小人物よ、これこそが、あなたが自問自答したことだ。

大人物をこのようにして孤独に追いやったあとで、あなたがかれになにをしたか、あなたは忘れてしまった。あなたがやったことはほかのナンセンスをしゃべることであり、もうひとつの卑小なことをおこない、もうひとつのふかい傷をつけることだった。あなたは忘れてしまった。しかし大人物の性格として忘れることができない。しかも復讐もしない。そのかわり、なぜあなたがあのようにあさはかな行為をしたかを理解しようとする。このこともまた、あなたの考えかたや感じかたにはピンとこないことがわたしにはわかっている。しかし、わたしのいうことはほんとうなのだ。もしあなたが百回も、千回も、百万回も傷をつけるとしたら、もしあなたがなおすことのできない傷をつけるとしたら——つぎの瞬間あなたは自分のしたことを忘れてしまうかもしれないが——、大人物はあなたの非行をあなたにかわって苦しむのだ。これらの非行がおおきいからではなくて卑小だからだ。かれはなにがあなたを動かしてこのようにさせるのか知りたいとおもう、あなたの配偶者があなたをガッカリさせたからといってなぜかれまたは彼女をそのようにはずかしめるのか、あなたの子どもが悪い隣人をよろこばせなかったからといってなぜ折檻するのか、なぜ親切な人を軽蔑のまなざしで見て搾取するのか、なぜあなたがあたえられるときに取ろうとし、あなたが要求されるときにあたえるが、愛をもってあたえられるときにはけっしてあたえようとせず、倒れている人や倒れかけている人をなぜけっとばしたりするのか、なぜ真実が要求されているときにうそをつき、いつもうそではなくて真実のほうを迫害するのか。あなたはいつも加害者のほうにたっている、小人物よ。

6

あなたのごきげんをとるために小人物よ、あなたの役にたたない友情を得るために、大人物は自分自身をあなたに適応させなくてはならない。あなたとおなじしゃべりかたをし、あなたの美徳でもって自分自身をかざらなくてはならない。しかし、かれがあなたの美徳と、ことばと、友情をもったなら、もはや、かれは大人物でも真実でも素朴でもない。その証拠に、あなたがすきなはなしかたではなしたあなたの友だちには、大人物はひとりもいなかった。

あなたは信じない、あなたの友だちがなにか偉大なことを達成できるということを。ひそかに、あなたはあなた自身をきらっている、あなた自身のえらさをここぞとばかりみせびらかしている

ときでさえ、――いやそのときにだ。そしてあなたは、あなた自身をきらっているからあなたの友だちを尊敬することができない。あなたは、信じることができない。あなたといっしょにおなじテーブルにすわったり、あなたといっしょにおなじ家に住んでいる人がなにか偉大なことを達成できるということを。あなたのちかくでは小人物よ、考えることがむつかしい。あなたについて考えることができるだけで、あなたといっしょに考えることができない。なぜならあなたは、どんな偉大な壮大な思想でも窒息させてしまうから。自分自身の世界を探険しているあなたの子どもにたいして母親としてあなたはこういうだろう、「それは子どものすることではありません」。生物学の教授としてあなたはいう、「それは学生のすることではない、空気中の細菌の説をうたがうなんて」。教師としてあなたはいう、「子どもは監督されるべきで意見をきかれるべきでない」。妻としてあなたはいう、「ヘエー！　発見だって！　あんたが発見なんてするの！　みんなとおなじように会社へ行ってちゃんとした生活できないの？」。しかし新聞に書かれたことならあなたは信じる、それを理解できようとできまいと。

　わたしはいおう、小人物よ。あなたはうしなってしまったのだ、あなたのもっている最善のものにたいする感じを。あなたはそれを窒息させた、他人のなかにそれをかぎつけるとき、あなたの子どもであろうと、あなたの妻であろうと、あなたの夫であろうと、あなたの父であろうと、

あなたの母であろうと、その場でそれをころした。あなたはちっぽけで、あなたはちっぽけなままでいたいのだ。

なぜそんなことがわかるのだときくでしょう。おしえてあげよう。

わたしはあなたを経験した。わたしはあなたといっしょに経験した。わたしはあなたのなかにあるわたし自身を経験した。わたしは治療医としてあなたをあなたの卑小さから解放した。わたしは教育家としてあなたを率直さと解放へみちびいた。わたしは知っている、あなたがどのようにして自分自身を率直さからまもっているかを。わたしは知っている、あなたがほんとうの、真実のあなた自身にしたがえといわれたときにどんな恐怖におそわれるかを。

あなたはちいさいだけではない、小人物よ。あなたの生涯にだって「偉大な瞬間」「有頂点な」「得意な」「高揚した」瞬間があったということをわたしは知っている。しかしさらにたかく登っていくスタミナはなかったのだ、あなたの高揚をしてあなたをたかくたかく飛ぶがままにさせることがあなたはできない。あなたは飛ぶことをおそれている。高さと深さをおそれている。このことをもっとうまくニーチェはあなたに告げた、ずっとむかしに。しかし、かれはいわなかった、なぜあなたがそのようであるのかを。かれはあなたをスーパーマン、「超人」にしたてあげ、あなたのなかの人間を圧倒させようとした。かれの超人は、あなたの「ヒトラー総統」になった。

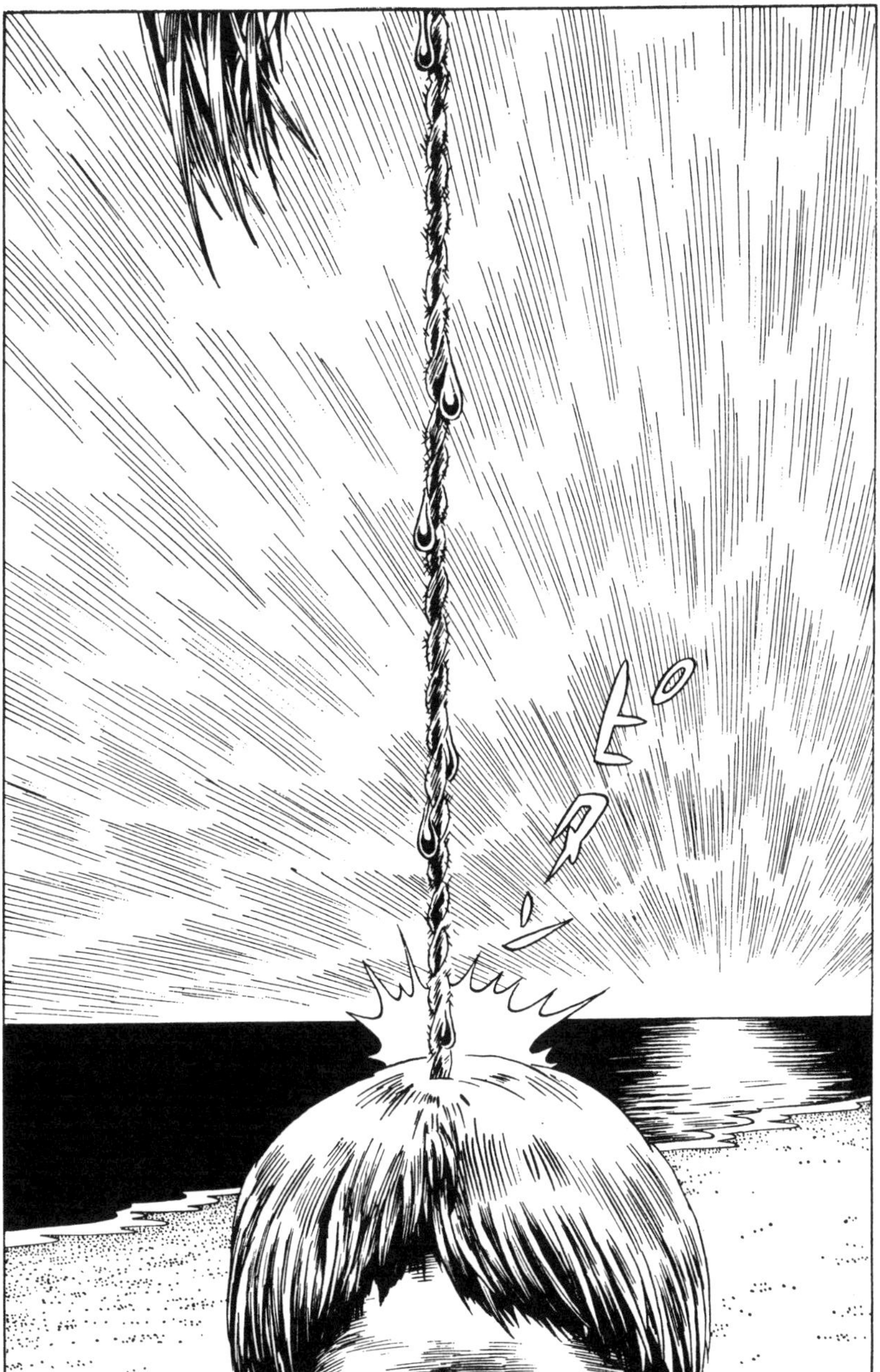
ピタッ

そしてあなたは「人間以下」のままだ。

わたしがあなたにのぞみたいのは人間以下であることをやめ、あなた自身になることだ。あなた自身すなわちあなたが読む新聞ではなく、あなたの悪意ある隣人からきくまずしい意見でもない。わたしは知っているのだが、あなた自身が心の奥底でほんとうにどうであるのか、あなたは自分でわかっていないのだ。奥底では、シカのようであるかもしれないし、あなたの神であるかもしれないし、あなたの詩人であるかもしれないし、あなたの賢者であるかもしれない。しかし、あなたが信じているのは、あなたは在郷軍人であったり、ボーリング・クラブやクー・クラックス・クランのメンバーであったりすることだ。そしてあなたは、あなたがこうであることを信じているから、いまのような行動をしている。このこともまたほかの人があなたにいいつづけてきた。二五年まえにドイツでハインリッヒ・マンがいった。またアメリカではアプトン・シンクレア、ジョン・ドスパソスやそのほかのひとたち。しかし、あなたはマンもシンクレアも知らなかった。あなたが知っているのはボクシングの選手とアル・カポネだけだ。図書館と井戸端会議のどちらをえらぶかといえば、あなたはうたがいもなく井戸端会議のほうをえらぶだろう。

あなたは人生における幸福をねがう。しかし、安全のほうがあなたにとってもっと重要なのだ。たとえそれがあなたの命をこわそうとも。あなたは幸福をつくりだし、それをたのしみまもることを学んだことがなかったので、ものおじしない個人の勇気がわからない。小人物よ、あなたがどんなであるかあなたは知りたいでしょう。あなたはラジオで便秘薬や歯みがきやデオドラントの広告をきく。しかしあなたにはプロパガンダの音楽はきこえない。あなたの耳をとらえようとしてつくられているこれらのものの吐き気のするような悪趣味と底知れぬおろかしさをあなたはわからないでいる。ナイトクラブの司会者たちがあなたについてしゃべっている冗談をちゃんときいたことがありますか？　あなたについて、かれ自身について、あなたのみじめなちっぽけな世界のすべてについての冗談。あなたの便秘薬の広告をきいてあなたがどんなふうな、どんな人間であるかを知りなさい。

7

きけ、小人物よ。人間存在のみじめさはこれらのいやしい不法行為のひとつひとつによってスポットライトがあてられているではないか。あなたのいやしさのひとつひとつが、あなたの運命を改良しようとする希望をますますとおざからせている。これが悲しみの理由なのだ、小人物よ、ふかい胸をやぶるような悲しみの。この悲しみを感じないために、あなたは悪いちっぽけな冗談をつくり、それを「大衆的ユーモア」とよぶ。あなたはあなた自身についての冗談をきき、他人といっしょに心から笑う。あなたが笑うのはあなた自身をおかしがっているからではない。あなたは小人物を笑っているのだ、しかし、あなた自身を笑っていることに気がつかない。ひとがあなたをわらっているということを。何百万人という小人物たちは、自分自身がひとに笑われていることに気がつかない。なぜひとがあなたを笑うのか、小人物よ、そのようにあけすけに、そのように心から、そのように悪意のよろこびでもって、何世紀ものあいだ？　「大衆」がどのようにばかげた表現でもって映画にあらわされているか、このことに驚いたことがあなたはありますか？　なぜひとがあなたを笑うかおしえてあげよう、わたしはあなたのことをとてもとても本気でおもっているから。

つねに一貫して、あなたの思考はいつも真理をはずれる。ちょうどそれは、あそび半分の名射手が一貫して的の右側ばかりにあてることができるように。そうおもいませんか？　じつはこうなのだ。ずっとまえにあなたは、自分自身の主人になることができるはずだった、もしあなたの思考が真理の方向へ向かっていたならば。しかし、あなたの考えかたはこうだ。

「それはみんなユダヤ人がわるいのだ」。「ユダヤ人ってなに？」とわたしはきく。「ユダヤの血のはいったやつのことさ」とあなたは答える。「ユダヤの血とほかの血とどうちがうのか？」。こ

の質問があなたをつまずかせる。あなたは、ためらって、混乱し、そして答える。「つまりユダヤ民族のことだ」。「民族とはなにか?」とわたしはたずねる。「民族? それはかんたんさ、ドイツ民族というのがあるのとおなじく、ユダヤ民族があるのさ」。「ユダヤ民族の特徴は?」。「そうだな、ユダヤ人は髪の毛が黒く、ながいワシ鼻で、鋭い目をしている。ユダヤ人は慾ばりで資本主義的だ」。「地中海のフランス人やイタリー人といっしょにいるユダヤ人を見たことがありますか? かれらとのちがいがわかりますか?」。「そうだな、よくわからない」。「それではユダヤ人とはなんだろう? 血液ではなんのちがいもない、フランス人やイタリー人とも見たところちがわない。それであなたはドイツ系ユダヤ人を見たことありますか?」。「もちろん、かれらはドイツ人みたいだ」。「それではドイツ人とはなにか?」。「ドイツ人は北方アーリア人[7]に属する」。「インド人はアーリア系か?」。「たしかに」。「かれらは北方系か?」。「いいや」。「かれらはブロンドか?」。「いいや」。「というわけでわかったでしょう。なにがドイツ人でなにがユダヤ人かあなたは知らないのだ」。「そうはいってもユダヤ人というものはたしかにいる」。「たしかにユダヤ人というものはいる。ちょうどキリスト教徒や回教徒がいるように」。「つまりユダヤ教だね」。「ルーズヴェルト[8]はオランダ人だったか?」。「いいや」。「なぜルーズヴェルトをオランダ人とよばないのにダビデの子孫をユダヤ人とよぶのか?」。「ユダヤ人については特別なんだ」。「なにが?」。「わ

からない」。

　このようなぐあいにあなたはたわごとをいっているのだ、小人物よ。あなたのたわごとからあなたは武装した組織をつくりだし、これら一千万人の人びとを「ユダヤ人」としてころした、ユダヤ人とはなにかということも知らないくせに。だからひとはあなたを笑う。だからひとは、真剣な仕事をするときにあなたをとおざける。だからあなたは泥沼から出られない。あなたが「ユダヤ人」というときにあなたは自分がえらくなったような気がする。あなたはほんとうは自分をみじめに感じているから、こうしなくてはならないのだ。そして、あなたがみじめに感じる理由は、いわゆるユダヤ人としてあなたがころしたものこそあなた自身であるからだ。これはあなたについての真実のひとかけらでしかない、小人物よ。

　あなたがいばったり、軽蔑でもって「ユダヤ人」というときに、あなたの卑小さがへったようにあなたは感じる。このことをわたしが見つけたのはごくさいきんだ。もしだれかにたいする尊敬心があまりにもすくなかったりおおかったりすれば、あなたはその人を「ユダヤ人」とよぶ。あなたは暫定的にだれが「ユダヤ人」だかをきめようとする。しかし、この権利をわたしはあなたに渡さない、あなたがちっぽけなアーリア人であろうと、ちっぽけなユダヤ人であろうとも。だれでもなく、このわたしだけがこの世界においてわたしがだれであるかきめる権利をもってい

る。わたしは、生物学的にまた文学的に雑種だ。そして、わたしはすべての階級と民族と国家の知的また生理的な結果であるということを誇りにしている。あなたのような「純粋種族」でなく、あなたのように「純粋な階級」に属しているのでなく、あなたのように排外主義者でないことを誇りにしているのだ。あなた、すべての国家・民族と階級のちっぽけなファシストよ。わたしがきくところによれば、パレスチナではあなたはユダヤ人の技術家をよろこばないという。その理由はかれが割礼されていないからだ。わたしはほかのだれよりもユダヤ人のファシストと共通点をもたない。なぜ、ちっぽけなユダヤ人よ、あなたはセム族までしかさかのぼらないのか。原型質までさかのぼらないのか？　わたしにとっては生きることは原型質の収縮からはじまるのであって、ラビの部屋ではじまるのではない[9]。

　あなたがクラゲから地上を歩く二足動物に進化するのには、何百万年もかかったのだ。あなたの生物学的逸脱、すなわち硬直という形は、まだ六千年しかつづいていない。あなたがあなた自身のなかにある自然を再発見するまでに、あなた自身のなかにあるクラゲをふたたび見つけるまでに百年も五百年も、もしかしたら五千年かかるかもしれない。わたしは、あなたのなかのクラゲをみつけてあなたに明快なことばで示した。初めてそれについてあなたがきいたときに、あなたはわたしをあたらしい天才とよんだ。あなたはおぼえているだろう。それはスカンディナヴィアであなたがあたらしいレーニンをもとめていたときだった。しかしわたしはもっと重要な仕事があったのでこの役割をうけなかった。あなたはまたわたしのことをあたらしいダーウィンとかマルクスとかパストゥールとかフロイトだと宣言した。ずっとまえにわたしがあなたにいったことだが、あなたもわたしとおなじようにはなしたり書いたりすることができるはずだ、もしいつもやっているように「ばんざい、ばんざい救世主！」とさけぶのをやめたなら。この圧倒的なさけび声があなたの精神をころし、あなたの創造的性格をまひさせるのだ。

8

あなたは「未婚の母」を不道徳な人間として迫害するではないか、小人物よ。あなたは「結婚で生まれた」「嫡出」の子どもと「結婚で生まれたのでない」「私生」の子どもをきびしく区別するではないか？　おお、汝あわれな生物よ、おまえは自分自身のことばを理解しない。おまえはみどりごキリストをうやまうではないか。みどりごキリストは婚姻届なしの母親から生まれた。このようにして、なんの考えもなしにあなたはみどりごキリストにおいて性的自由にたいするあなたのあこがれをうやまっているのだ、尻にしかれた小人物よ。あなたは「私生」児キリストを神のむすことした。神にとっては私生児などというものはなかったのだ。しかし、やがて使徒パウロとなってあなたはほんとうの愛の子どもを迫害し、ほんとうの憎しみの子どもに宗教的法律の保護をあたえることをはじめた。なんとあわれな小人物！

あなたは、偉大なガリレオが発明した橋のうえを自動車や汽車を走らせる。知っていますか、小人物よ、偉大なガリレオは三人の子どもをもっていて婚姻届はしてなかった。そのことは生徒におしえない。そして、この理由でもってガリレオをあなたはいじめたのではなかったか？

そして知っていますか、「スラブ人民の祖国」に住む小人物たちよ。あなたの偉大なレーニン、全世界のプロレタリアの偉大な父は、かれが権力をにぎったときにあなたのおしつけがましい結婚制度を廃止したのを？　かれ自身も正式には結婚しない妻といっしょに住んでいたことを知っていますか？　そしてあなたは、全スラブの指導者をとおしてむかしのおしつけがましい結婚の法律をよみがえらせたではないか、あなたがレーニンの偉大な業績を生かすことを知らなかったために。

すべてこれらのことについて、あなたはなにも知らない。あなたにとっての真理または歴史、またあなたの解放のためのたたかいとはなんなのか。またとにかく自分自身の意見をもつというあなたはなんなのか？

あなたの結婚制度の足かせにあなたをいれたのは、ほかならないあなたのわいせつな心と、あなたの性的無責任だという事実を、あなたはうすうすにさえも知ってはいない。

あなたは、あなた自身がみじめでちっぽけで、鼻もちならず、インポテンツでかたくるしく、死んだみたいで、空虚だと感じている。あなたに女はいない。いるとしても、あなたの「男」を証明するために「おしたおし」たいとおもうだけだ。あなたは、なにが愛だか知らない。あなたは便秘していて便秘薬をのむ。あなたの体はいやなにおいがし、肌はべとついている。あなたは子どもをだいていても感じないので、なぐってもかまわない小犬のようにあつかう。

あなたは、一生インポテンツに悩まされてきた。それは、あらゆる考えにしのびこんできた。それは、あなたの仕事を邪魔した。あなたが愛をあたえることができなかったので、あなたの妻は去っていった。あなたはなにもすきになれず、神経過敏と動悸に悩んでいる。あなたの考えはセックスのまわりをぐるぐるまわっている。あなたを理解しあなたをたすけたいとおもっている性経済論のことをだれかがあなたにおしえてくれる、それは夜にあなたのセックスをあなたが生きることができるようにさせ、したがって昼に性的な考えかたから解放され仕事ができるようにさせようとしている。それは、あなたの妻があなたにだかれて絶望するかわりに幸福であるようにしたいとおもっている。それはあなたの子どもが青ざめているかわりにバラ色であり、残酷でなくて愛情にあふれているようにしたいとおもっている。しかし、あなたは性経済のことをきくと、いう、「セックスがすべてではない。人生にはほかにたいせつなことがある」。あなたはこうなのだ、小人物よ。

それともあなたは「マルクシスト」「職業的革命家」とか、将来の「世界のプロレタリアの指導者」であるかもしれない。あなたは、世界をその苦しみから解放したいとおもう。だまされた大衆はあなたから逃げ、あなたはかれらのあとを追いかけてさけぶ。「止まれ、止まれ、プロレタリア大衆よ！　わたしがきみたちの解放者であるのがわからないのか！　資本主義打倒！」。わたしはあなたの大衆に語るのだ、ちっぽけな革命家よ。わたしは、かれらのちいさな生活のみじめさを示すのだ。かれらはきく、熱心と希望にみちて。かれらがあなたの組織になだれこんでくるのはわたしがそこにいることを期待してなのだ。しかしあなたはなにをする？　あなたはいう、「セックスはプチブル的幻想だ。問題は経済的要素だ」。そしてあなたは愛の技巧についてのヴァン・デ・ベルデの本を読む。

大人物があなたの経済的解放にたいして科学的基礎をあたえようとしてのりだすとき、あなたはかれを飢え死にさせる。生命の法則から脱線しているあなたにたいして、真理がしのびこんでくるやいなやそれをころした。大人物のさいしょの試みが成功したあと、あなたはそれの実施をひきつぎ、それをふたたびころした。まず大人物はあなたの組織を崩壊させた。つぎにかれは、やがて死んであなたに反対することはなにもできなくなってしまった。あなたには理解できなかったのだ、かれがあなたの仕事のなかに、価値をつくりだす生きる力をみつけたのを。あなたにはわからなかったのだ、かれの社会学があなたの社会をあなたの国家からまもろうとしたのを。あなたはぜんぜんなにもわかっていないのだ！

あなたの「経済的要素」でさえもあなたをどこへも連れていってはくれない。偉大な、かしこい人は、死ぬほどいっしょうけんめい働いてあなたにわからせようとしたのだ、あなたの生活をたのしもうとするならば経済的条件をよくしなくてはならないということを。空腹の人間は文化をおしすすめることができないということを。すべての生活条件は、例外なしに、ここに属するということを。あなた自身とあなたの社会をすべての圧制から解放しなくてはならないということを。このほんとうの大人物はあなたを啓蒙しようとしたときたったひとつのまちがいをおかした。かれは解放にたいするあなたの能力を信じた。かれは信じた、ひとたびあなたが自由をかちとったならば、あなたはそれをしっかりとまもる能力があると。そしてかれはもうひとつのまちがいをおかした。すなわち、あなた、プロレタリアを「独裁者」にした。

そしてあなたはなにをしたか、小人物よ、この大人物の知識と思想の宝庫を手にして？　それ

らすべてのなかでたったひとつのことばだけがあなたの耳のなかでなりつづけた、独裁！　偉大な精神とおおきなあたたかい心がはきだしたものすべてのもののなかで、ひとつのことばだけが残った、独裁。ほかのものすべてあなたは放りだしてしまった。自由、明せきと真理、経済的搾取の問題の解決、前向きの思考方法、すべては投げだされた。ただひとつのことば、それの意味はよかったのだが、あまりうまくえらばれたとおもえないそのことばがあなたにつきまとった。独裁！

大人物のこのちいさな不注意から、あなたはうそ・迫害・拷問・看守・死刑執行人・秘密警察・密告と告発・制服・元帥と勲章の膨大な組織をつくりだした——がそのほかすべてのものをあなたは投げすてたのだ。あなた自身がどんなものかすこしはわかってきましたか、小人物よ？　まだだって？　では、もう一度はじめよう。生活と愛情におけるあなたの幸福の「経済的条件」を「機械」とあなたは混同している。人間の解放と「偉大な国家」を混同し、百万人の決起と長距離砲パレードを混同し、愛の解放を混同して、それはあなたがドイツへ来たときにかたっぱしから女を犯すことだとおもっている。貧困をなくすことを混同して、貧しく、よわく、たよりのない人びとを絶滅することだとおもっている。育児と「愛国者の養成」を混同し、産児制限と「一〇人の子どもの母親」の表彰を混同している。あなた自身それに苦しんでいたのではないか、一〇人の子どもの母親になることを考えると？

ほかの国でも、また、この不運なちいさなことば「独裁」があなたの耳になりつづける。そこで、あなたはそれにピカピカの制服を着せ、あなたがたのまっただなかからちっぽけなインポテンツの、神秘主義の、サディストの役人をつくりあげ、かれがあなたを第三帝国へみちびき、また六千万人のあなたの同類を墓場へみちびいたのだ。そしてあなたはさけびつづける、ばんざい、ばんざい、ばんざい！

あなたはこうなのだ、小人物よ。しかしあなたがどんなだかだれもあえてあなたに告げようとはしない。なぜなら、ひとはあなたのことをおそれていて、あなたがちっぽけなままでいるのが都合がいいからだ、小人物よ。

あなたはあなたの幸福をむさぼり食う。あなたはけっしてのびのびと幸福をあじわったことがなかった。だからあなたはガツガツと幸福をむさぼり食い、幸福をまもる責任をとることを考えない。あなたは幸福のめんどうをみることをおそわらなかった、庭師がかれの花を育てたり農夫が作物を育てたりするようには。道をもとめる大人物や詩人や賢者は、あなたから逃げた。なぜなら、かれらは自分自身の幸福をたいせつにしたかったから。あなたのまわりでは小人物よ、幸福をむさぼり食うことはやさしいがそれをまもることはむつかしい。

9

わたしがなんのことをはなしているかあなたにはわからないでしょう、小人物よ。おしえてあげよう。発明家はいっしょうけんめい働きつづける、十年、二十年、いや三十年も、休みなしにかれの科学や機械や社会的思想について。かれは、あたらしい重荷すべてをになわなくてはならない。かれはあなたのおろかさと、あなたのまちがったちっぽけな考えや思想を耐えしのばなくてはならない。かれはそれを理解し分析し、そして、ついには、かれの仕事によって置きかえなければならない。これらのすべてにおいて、あなたはかれをたすけない、小人物よ。これっぽかしもだ。その反対だ。あなたはやってきて、こんなふうにはいわない。「どうです、ずいぶん働いていらっしゃいますね。あなたはわたしの機械、わたしの子ども、わたしの妻、わたしの友だち、わたしの家、わたしの畑、を研究して、ものごとを改良しようとしていらっしゃるのですね。ながいことわたしはこのことやあのことで悩んできましたがどうにもできませんでした。だけど、わたしをたすけようとなさるあなたのお仕事をてつだわせてくださいますか?」。いいや、小人物よ、あなたはけっしてあなたをたすけようとする人のところにてつだいになんかこなかった。あ

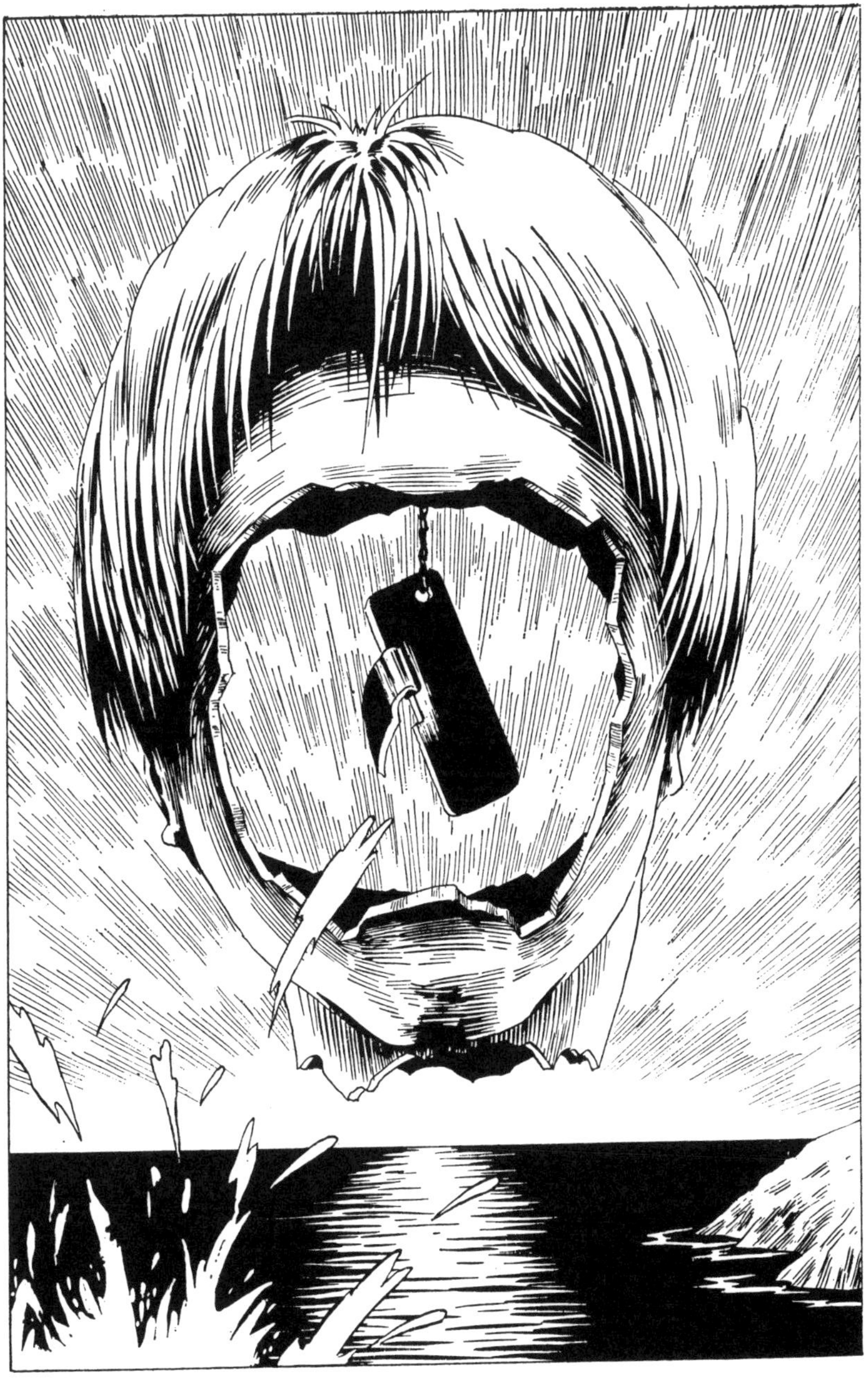

なたはトランプ遊びをしたり、チャンピオンシップに声をからしてさけんだり、事務所や鉱山で単調な奴隷的な仕事をしてすごしていた。しかし、あなたはあなたをたすけようとしている人をてつだおうとしなかった。なぜだかわかりますか？　なぜなら発見者はまず第一に思想のほかにはあなたに提供するものがなにもないからだ。利益も賃金アップも労働契約も年末ボーナスも安易なくらしかたも提供しない。かれがあたえることのできるものは注意だけで、あなたは注意なんてものはほしくなく、あなたはすでにそれにはうんざりしている。しかしあなたが、ただとおざかっているだけで、てだすけをしないだけならば発見者はあなたがいても不幸な感じはしない。つまり、発見者はあなたのために考えたり悩んだり発見したりしているのではない。かれがこれらのことをするのは、ただたんにかれの生命の機能がかれをかりたててそうさせるのだ。あなたのめんどうをみたり、あなたをあわれんだりするのは政党の指導者たちや宗教家にまかせてしまう。かれがのぞんでいるのは最終的にあなたが自分自身のめんどうをみることができることだ。

しかし、あなたはてつだわないことだけでは満足しない。あなたはこわし、つばを吐きかける。発見者がついにながいつらい仕事のあとで、なぜあなたがあなたの妻に愛の幸福をあたえることができないのか理解したときに、あなたは発見者にこういうのだ、おまえは、セックス・アニマルだ。あなた自身なぜこうこういうか、その理由がぜんぜんわからないでしょう。なぜならあなたはあなた自身のなかにあるセックス・アニマルをおさえつけておかなければならず、だからこそあなたは愛が不能なのだ。または発見者がなぜ人びとがガンで大量に死んでいくかをみつけたときに、そして小人物よ、あなたがたまたまガン病理学の教授で固定収入があるとすれば、あなたはこの発見者はさぎ師だというだろう。また空気中の細菌についてかれはなにもわかっていないというかもしれない。またはかれの研究についてはあまりにもおおくの金が使われているとか出されているというかもしれない。またはかれがユダヤ人であるとか外国人であるとかあなたは気にするかもしれない。または、あなたはかれを資格審査する権利があるというかもしれない。そして「あなた」のガンの問題、それをあなたは解決できないでいるが、その研究をするのにかれが資格があるかどうか調べなければならないというかもしれない。またあなたの患者をたすけるためにあなたが必要としている事実をかれが見つけたことを認めるより、むしろガンのおおくの患者が死ぬのを見るほうがまだましだとあなたはおもうだろう。あなたにとっては、あなたの職業的威厳とか、あなたの銀行預金とか、ラジウム企業とのつながりのほうが市民や学問よりも重大なのだ。だからあなたはちいさくみじめなのだ、小人物よ。

ということは、あなたはてつだわないだけでなくて、あなたのためにまたはあなたにかわっておこなわれている仕事を、悪意をもってかきみだす。なぜ幸福があなたから逃げていくかわかりましたか？　幸福というものはいっしょうけんめい獲得されたがっている。しかし、あなたはただ幸福をガツガツむさぼりつくしたがる。だからそれが逃げるのだ、それはあなたによってむさぼり食われたいとはおもっていない。

ときがたって発見者はおおくの人びとにかれの発見が実際的価値をもつこと、たとえばある種の病気の治療ができるとか、重いものを持ちあげるとか、岩をぶちこわすとか、物質にしみとおってなかを見えるようにできる光線だとか、そういうことを説得するのに成功する。あなたは、それを新聞で読むまで信じない。なぜなら、あなたはあなた自身の感覚を信じないからだ。あなたはあなたをきらう人間を尊敬し、あなた自身をきらっている、だからあなた自身の感覚を信用することができないのだ。しかし発見が新聞に書かれるとあなたは歩いてではなく走ってやってくる。あなたは発見者を「天才」とさけぶ、きのうあなたがさぎ師とかセックス・アニマルとか公衆道徳をまもらないやぶ医者とか危険人物とよんだおなじ人物を。こんどあなたは「天才」とよぶが、あなたは天才がどんなものだか知らない。なぜならあなたは「ユダヤ人」がなんであるか、または真理や幸福がなんであるか知らないからだ。おしえてあげよう、小人物よ、ジャック・ロンドンがかれの『マーチン・イーデン』であなたにおしえたように。あなたはそれを何千回も読んだはずだ。しかし、あなたはそれを把握しなかった。「天才」はあなたがあなたの商品を売りにだす

とき、それにつけるトレードマークである。もしも発見者が（たったきのうまではセックス・アニマルだかきちがいだったが）天才であるならば、こんどはかれが世界に提出した幸福をあなたがむさぼりつくすことはより容易になる。なぜならばいまやすごくたくさんの小人物どもがあつまり、声をそろえて「天才」とさけぶからだ。人びとはむれをなしてあつまり、あなたの製品をあなたの手から食べる。もしあなたが医者なら、あなたはもっとおおくの患者をもつことになる。あなたはいままでよりももっとよくかれらをたすけるようになり、もっとおおくの金がはいる。「それでは」とあなたはいうだろう、小人物よ。「なにも悪いことはないではないか」。そうだ、たしかに正直で良い仕事をして金をかせぐことは悪いことではない。しかし、発見にたいしてなにもおかえしをしないで、それのめんどうもみないで、ただそれをむさぼりつくすだけしかしないということ、そのことこそ悪いのだ。そしてこれこそあなたがやっていることなのだ。あなたは発見をさらに発展させることはなにもしない。あなたはそれを機械的に、貪欲に、おろかにひきつぐ。あなたは、それの可能性も限界も見ない。可能性についてあなたはヴィジョンをもたないし、限界についてもあなたはそれを認めず行きすぎをする。もしも医者または細菌学者としてあなたがチフスやコレラを伝染病として知っているなら、あなたはガンにおいて微生物をさがし、何十年の研究を顔色なからしめるだろう。大人物がひとたび機械がある種の法則にしたがうことを示すと、あなたは殺人のための機械をつくり、あなたは生きることもまた機械だと考える。このようにして、あなたは三十年間まちがいをおかしてきただけでなく、三世紀にもわたっているのだ。まちがった考えが何百、何千の研究者たちの頭にがっちりとくいこんでいた。さらに、生きることそれ自体がてひどくいためつけられていた。なぜならこの時点からあなたは——あなたの威厳、あなたの教授としての地位、あなたの宗教、あなたの銀行預金やあなたの性格のよろいのために——ほんとうに生命機能にしたがっていた人たちをだれでも迫害し、中傷し、傷つけてきた。

ほんとうにあなたは「天才」たちをほしがり、かれらに敬意をはらいたがっている。しかしあなたがほしがっているのはよい天才で、穏健で行儀がよく、品行のよい人間で、つまり一見したところ、きちんと調節された天才であり、脱線してつっぱしり、あなたの壁や制限をこわしてしまう天才ではない。あなたが欲しているのは、制限され羽根をもぎとられ、身なりのよい天才で、そういう人ならば、はずかしがらずに、あなたはあなたの町をほこらしげにつれて歩くことができる。あなたはそうなんだ、小人物よ。あなたはだしぬいてひっこぬくことはうまいが、つくりだすことはできない。こういうわけだからいまのままで、これからもずうっと退屈なオフィスにつとめたり陰険な委員会や結婚という拘束服から出られなかったり、子どもを憎む教師でありつづけるのだ。あなたはあたらしい思想にたいする発達も機会もない、というのはだれかほかの人が銀の皿にのせてあなたにくれたものを取ることだけしかしてこなかったからだ。

なぜこうなのかあなたはわからないでしょう。どうしてちがうものにならなかったのだろう？おしえてあげよう、小人物よ。あなたがあなたの空虚な内部やあなたのインポテンツやあなたの精神錯乱をもってわたしのところへきたときは硬直した動物としてやってきたということを、わたしはだんだんわかってきた。あなたはただ拾いあげ、ただ取るだけで、つくったりあたえたりできない。というのは、あなたの基本的な肉体的態度はためらいといじわるだ。なぜなら愛し、あたえるという原始的運動にあなたがかきまわされると、あなたは恐怖にあわててふためく。だからあなたはあたえることがこわいのだ。あなたがとることは、基本的には、ひとつの意味しかない。あなたはあなた自身を金とか幸福とか知識とかでもって、たえずつめこんでおかなければ気がすまない。というのは、あなた自身が空虚で飢えて不幸で、ほんとうの知識をもたず、もちたいともおもっていない自分自身を感じいっているからだ。おなじ理由であなたは真理から逃げつづけるのだ、小人物よ。真理はあなたの愛情反応を解放するかもしれないからだ。それは必然的にあなたに示すだろう、わたしが、ふじゅうぶんなしかたであなたに示そうとしていることを。そしてあなたはそれを欲しないのだ、小人物よ。あなたは消費者で愛国者であればよいとおもっている。

「あれをきけ！　かれは、愛国心と、国家と、国家の城壁でありそれの種である家族を否定する！　これはどうにかしなければならない！」。

こういったふうにあなたはさけぶのだ、小人物は、あなたの精神的便秘をおもいださせられると。あなたはそれをききたくもないし、知りたくもない。あなたはさけびたいだけだ、ばんざいと。まあいいさ、しかしなぜあなたが幸福にたいして無能なのか、しずかにあなたにはなさせてくれないか？　あなたの目には恐怖が見える。この問題はふかくあなたにかかわっている。あなたは「宗教的寛容」を支持する。あなたはあなた自身の宗教を好む自由をもちたいとおもう。よろしい。しかし、あなたはそれ以上をのぞむ。あなたはあなたの宗教が唯一の宗教であってほしいとおもう。あなたはあなたの宗教について寛容だが、他人の宗教についてては寛容でない。だれかが、個人的な神のかわりに自然を崇拝し、それを理解しようとすると、あなたは狂信的になる。あなたが欲するのは、もはやいっしょに暮らせないとおもったときに、かれまたは彼女の不道徳や残忍性を非難し裁判にもちだすような配偶者だ。双方の理解にもとづいた離婚をあなたは認めないのだ、あなた偉大な反逆者のおちぶれた子孫よ。あなたはあなた自身の色情におびやかされている。あなたは鏡にうつった真理を欲している。それならばあなたは手にとることができないからだ。あなたの排他主義はあなたの肉体的硬直、あなたの精神的便秘から発している、小人物よ。わたしがこれをいうのはあなたを笑いものにするためでなく、わたしはあなたの友だちだからだ、かれらがあなたに真理を告げるときにあなたがあなたの友だちをころそうとも。あなたの愛国者をごらんなさい、かれらは歩かない。かれらは行進する。かれは敵を憎まない。そのかわりに「親代代の敵」をもち、それは一〇年ごとにかわって、親代代の友だちになったり、また親代代の敵になったりする。かれらは歌をうたわない。かれらは軍歌をどなる。かれらは女をだかない。かれらは女をおしたおし、ひと晩にこれこれの「回数」を「する」。わたしの真実にたいして、反対の証拠はなにもないでしょう、小人物よ。あなたにできることはわたしをころすことだ。ちょうどあなたのほんとうの友だち、イエス、ラーテナウ[10]、カール・リープクネヒト[11]、リンカーンやそのほかおおくのようにころすのだ。ドイツではあなたは「制圧」とよんだ。ながい目で見れば何百万人ものあなたが制圧されたことになるのだ。にもかかわらずあなたは愛国者でありつづける。

10

あなたは愛情にあこがれ、あなたの仕事を愛し、それによってくらしをたてているが、あなた

の仕事はわたしやそのほかの人の知識によって生きている。愛・仕事と知識には祖国がなく、風習の垣根をこえ、制服をもたない。かれらはインターナショナルで全人類によってなりたってている。しかしあなたはちいさな愛国者でありたいとおもっている。というのは、あなたはほんとうの愛をおそれ、あなた自身の仕事にたいする責任をおそれ、知識をおそれているからだ。というわけであなたにできることはといえば、他人の愛・仕事と知識を搾取することだけで、あなた自身をつくりあげることはけっしてできない。というわけであなたはあなたの幸福を夜の泥棒のようにぬすむのだ。というわけであなたは他人の幸福を見るとやきもちで青ざめずにはいないのだ。

「泥棒だ！　あいつは外人で移住者だ。だけどおれはドイツ人だ、アメリカ人だ、デンマーク人だ、ノルウェー人だ！」

あー、やめなさい、小人物よ！　あなた自身が永遠の移住者であり、出稼ぎ人なのだ。あなたはほんのぐうぜんでこの世界にはいり、だまってそれを去っていくのだ。あなたがさけぶのはこわいからだ。あなたは感じるだろう、あなたの体が硬直し、だんだんに干あがっていくのを。だからあなたはこわくなり警察をよぶのだ。しかしあなたの警察といえども、わたしの真理にたいしてなんの権限もないのだ。あなたの警官でさえわたしのところへきて、かれの妻やかれの病気の子どもについてのぐちをのべるのだ。かれが制服を着るとかれ自身のなかにある人間をかくしてしま

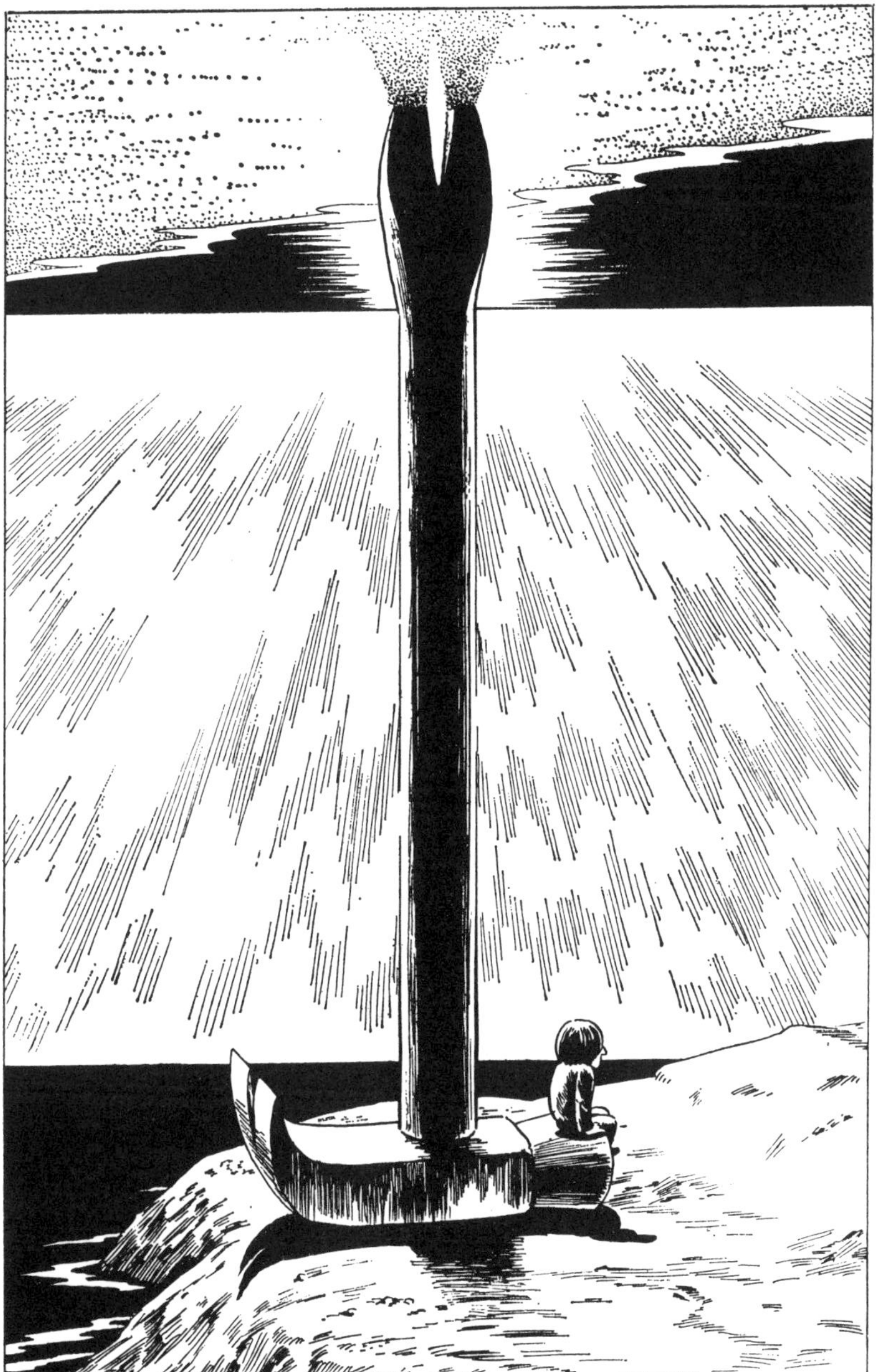

う。しかし、かれはわたしからかくれることができない。わたしはかれの裸をも見てしまったのだ。「かれは住民登録をしているか？　かれの書類は整っているか？　税金は払ったか？　かれを調査しろ、かれは国家と国民の名誉にとって危険である！」。

　はい、小人物よ、わたしはいつもきちんと登録したし、わたしの書類は整っていて、わたしはいつも税金を払ってきた。あなたが心配しているのは国家とか国民の名誉ではない。あなたが恐怖でおののくのは、わたしの診療室で見たままの、あなたの本性が公開されはしないかとおそれるからだ。だからわたしを政治犯として何年も刑務所にいれておくための方法をあれこれとさがしているのだ。わたしはあなたを知っている、小人物よ。もしあなたが地方検事補だったとしたら、あなたは法律や市民をまもることに関心があるのではない。あなたが必要なのは地方検事にもっと早く昇進するために「事件」を一発ぶちあげることだ。それがちっぽけな地方検事のやりたいことだ。かれらはソクラテスにたいしてもおなじことをした、だがあなたは歴史から学びはしない。あなたはソクラテスをころした。そしてあなたはいまだに自分がなにをしたか知らないので、あなたは泥沼にはまったままなのだ。あなたは、かれがあなたの道徳の基礎をあぶなくしたといって非難した。かれは死んでもあぶなくしつづけている、あわれな小人物よ。あなたはかれの肉体をころしたが精神をころすことはできなかった。あなたは、「秩序」をまもるためにこ

クル
クル

ろしつづける。しかし、あなたはひきょうな、ずるいしかたで、ころすのだ。あなたが公共の場でわたしの不道徳性を非難するとき、わたしを面と向かって見ることができなかった。というのはどちらが不道徳でみだらでわいせつかあなたは知っていたからだ。だれかがかつていったことだが、かれのかずおおくの知りあいのなかでたったひとりだけがきたない冗談をいわなかった。それはわたしだ、小人物よ。あなたが地方検事であろうと、判事であろうと警察署長であろうと、わたしはあなたのちっぽけなきたない冗談を知っているし、わたしはそれがどこからでてくるかも知っている。だから、しずかにしていたほうがよい。とはいっても、あなたはわたしの所得税が一〇〇ドルたらないということを証拠だてるのに成功するかもしれないし、女をのせて州境をこえたとか、道で子どもに甘いことばではなしかけたとかいうかもしれない。しかし、これらの三つの文章があなたの口でいわれるときにだけその特別なひびき、のらりくらりしたあいまいな、悪事のいやしいひびきがするのだ。そしてあなたはほかのことをなにも知らないから、わたしもあなたとおなじだとおもうのだ。いいや、小人物よ、わたしはあなたとはちがい、これらのことにおいてけっしてあなたとおなじではない。あなたがそれを信じようと信じまいと関係ない。じっさい、あなたはピストルをもち、わたしは知識をもっている。役割がわかれている。

あなたがあなた自身の存在を破滅させるのは、小人物よ、つぎのようなしかたでだ。

一九二四年にわたしは、人間の性格を科学的に研究することを提案した。あなたは熱心だった。一九二八年にわれわれわれの研究は、さいしょの実質的な結果に到達した。あなたは熱心で、わたしを「精神の牧師」とよんだ。

一九三三年にわたしは、これらの結果を本のかたちであなたの出版社から出版しようとした。ヒトラーがちょうど権力をにぎった。わたしにはわかっていた、ヒトラーが権力をにぎったのはあなたの生活がよろいを着ていたためだという事実を。あなたは、あなたの出版社から本を出すことを拒否した。この本はあなたがいかにしてヒトラーをうみだすかをあなたに示したものだった。

にもかかわらず、その本はあらわれた。あなたは熱心でありつづけた。しかし、あなたはそれを無視することによってころそうとした。というのは、あなたの「大統領」がそれに反対だということを宣言したからだ。かれはまた、母親たちに幼児の生殖器の興奮を息をとめることによって抑圧することをすすめた。

一二年間あなたは、あなたの熱意をひきおこした本を無視しつづけた。一九四六年に、それは再発行された。あなたはそれを「古典」とよんだ。あなたは、いぜんとしてわたしの本に熱中している。

重要なのは個人的な治療ではなく精神障害の予防だということを、わたしがあなたにおしえはじめてから、ながい不安と波乱にみちた二二年がすぎた。このながい二二年のあいだわたしはあなたにおしえた、人びとがあれやこれやの狂気に走ったり、あれやこれやのなげきにこだわったりするのは、かれらの精神と肉体が硬直しかれらが愛をあたえたり楽しんだりできないからだということを。これは、かれらの肉体がほかの動物とちがっているため愛の行為において収縮したり拡大したりできないからだ。

わたしがはじめてこのことをいってから二二年のちに、あなたはいまあなたの友だちにこんなふうにいう。重要なのは個人的治療でなくて精神障害予防なのだ。そしてあなたの行動は、またもやあなたが何千年もしてきたこととかわらない。あなたは、そこへどのようにして到達できるかいわずに、おおきな目標だけを示す。大衆の愛情生活を指摘することがあなたにはできないのだ。あなたは「精神障害の予防」をしたがる。そのことをあなたは口でいうことはできる。それは無害で上品なことだ。しかしあなたははびこっている性的悲惨にとりくまずにそれをしようとする。あなたはそれを指摘さえもしない、それは許されていない。そして医者としてあなたは泥沼にはまったままだ。

飛行の技術をあきらかにしながらモーターとプロペラの秘密をあきらかにできない技術家のこ

とを、あなたはどうおもいますか？　これがあなたのやりかただ、精神医療の技術家よ。あなたはひきょう者だ。あなたはわたしのパイからチェリーだけをつまみだそうとするが、わたしのバラのとげはさけようとする。しかもあなたはわたしについてきたない冗談をいうではないか、「よりよきオルガスムの予言者」と。そうではないか、ちっぽけな精神医よ。あなたはきいたことがないのか、インポテンツの夫に体をはずかしめられた花嫁の嘆きを。また、はたされない恋ではりさけそうな青年の苦しみを？　あなたの安全がいぜんとしてあなたの患者よりもたいせつなのか？　いつまであなたはあなたの威厳をあなたの医療よりも重要視しつづけるのか？　いつまでたったらあなたは見のがさなくなるのか、あなたのかけひきの代価は何百万人の命だということを。

あなたには真理よりも安全がたいせつだ。わたしが発見したオルゴンについてきいても、あなたはおおやけにはたずねない、「それがなんになるのか？　どのようにして患者をなおすのか？」と。いいや、あなたの質問は、「かれはメイン州で医者を開業する免許をもっているか？」だ。あなたはわからないのだ。あなたのちっぽけな免許などというものはわたしの仕事をちょっとかきみだす程度のものでしかないのだ。それはわたしの仕事をとめることはできない、あなたにはわからない、わたしは世界各国で、あなたの感情的疫病とあなたの生命エネルギーの発見者としての功績を認められていることを。またわたし以上にわたし自身を知らない人間に、わたしを検査することなどできるはずがないということを。

11

こんどはあなたの自由のめまいについて。小人物よ、だれも、なぜあなたがあなた自身の自由を得ることができないのか、またなぜあなたができたとしても、それをだれかあたらしい主人にわたしてしまうのか、その理由についてたずねたことはなかった。

「なんということだ！　世界のプロレタリアの革命の蜂起をうたがうとは、かれは民主主義をうたがっている！　反革命をやっつけろ！　やっつけろ！」。

興奮しなさんな、世界中すべての民主主義およびすべてのプロレタリアのちっぽけな指導者よ。わたしの信念では、あなたの将来のはんとうの自由は、このひとつの質問に、よりおおくかかっているのであって、あなたの党会議の何万という決議にかかっているのではない。

「かれをやっつけろ！　かれは国家と革命的プロレタリアの前衛の名誉をけがしている！　やっつけろ！　壁のまえに立たせろ！」。

あなたが「ばんざい！」とか「やっつけろ！」とかさけんでも、あなたの目標に一歩でもちか

づくことにはならなかったのだ、小人物よ。あなたは、ひとを壁のまえに立たせればあなたの自由が確保できると信じてきた。一度だけでいいからあなた自身を鏡のまえに立たせたら？

「やっつけろ、やっつけろ！」。

ちょっとまってください、小人物よ。わたしはあなたをみくびりたいとはおもっていない。わたしはただ、なぜいままでにあなたが自由を得ることも、それをつづけることもできなかったのか、おしえたいとおもっている。それにぜんぜん興味がないのですか？

「やっつけろ、やっつけろ、やっつけろ！」。

よろしい、かんたんにいおう。もしあなたが自由な状況にいたとして、そのときにあなたのなかの小人物がどのようにふるまうか、おしえてあげよう。たとえばあなたが子どもと青少年の性的健康をまもるための研究所の学生だったとしよう。あなたは「すばらしいアイディア」に夢中になり、その闘争に参加したいとおもう。これがわたしの家でおこったことだ。

わたしの学生たちは顕微鏡のまえにすわり、アース・ビオン[12]を観察していた。あなたは、オルゴン集積器のなかにすわって裸だった。わたしは、あなたをよんで観察に参加しろといった。そこであなたは、集積器のなかから裸で飛びだし、婦女子のまえであなた自身をさらけだした。わたしはただちにあなたをきびしく怒ったが、あなたは、なぜわたしがそうしなければならないのかわからないでいた。いっぽうわたしは、なぜあなたがわからないのか、わからなかった。あとでながながとつづいた討論において、それこそが性的健康を主張する研究所におけるあなたの自由の概念だった、ということをあなたは認めた。あなたは研究所とそれの基本的理念にたいしてももっともふかい軽蔑をもっていたことをすぐ認めた。そして、そういう理由であなたは下品な行動をしたのだった。

もうひとつの実例、なんどもなんどもあなたがあなたの自由を賭けて、すってしまうことを示そう。あなたは知っているし、わたしも知っているし、だれでもが知っていることだが、あなたは永遠の性的飢餓の状態でぐるぐるまわりしている。あなたはすべての異性を貪欲に見つめる。あなたは友だちと愛についていきたない冗談のことばでしゃべる。つまり、あなたはきたない、わいせつな幻想をもっている。ある晩、あなたとあなたの友だちが道を歩きながら声をそろえてわめくのがきこえた。「女がほしい！　女がほしい！」。

あなたの未来を気づかってわたしは組織をつくり、そこであなたが生活におけるあなたの悲惨さをよりよく理解し、なにか対策を学ぶことができるようにとおもった。あなたとあなたの友だちはこれらの集会にむれをなしてやってきた。なぜそうだったのか、小人物よ？　まずわたしは、それはあなたの生活を改良しようとする正直で燃えるような関心があったからだとおもった。ほんとうにあなたを動かしているのはなんだったかをわたしがわかるのは、ずうっとあとのことだ。あなたは、あなたの考えではここにあたらしい売春宿があり、そこで女の子をかんたんに金もかけずに手にいれることができるとおもっていたのだった。そのことがわかって、わたしはこれらの組織をぶちこわした。それらは、あなたの生きかたをたすけようとおもって考えたのだったから。そのような組織の集会で女の子を見つけることが悪いとわたしがおもったのではなくて、あなたがそれらにけがれた精神でちかづいたからだ。というわけでそれらの組織はこわされ、ふたたびあなたは泥沼にはまったままだった……。なにかいいたいことがありますか?

「プロレタリアートはブルジョワジーによって腐敗させられてきた。プロレタリアートの指導者たちがなんとかしてくれるだろう。かれらが武力で一掃してくれるはずだ。それとはべつに、プロレタリアートの性的問題はほうっておいても解決されるはずだ」。

あなたがなにを意味しているのかわかる、小人物よ。それこそがあなたのプロレタリアの祖国でかれらがやったことだ。性の問題はしぜんに解決させよう。その結果はベルリンであらわれた、プロレタリアの兵士たちが一晩中女たちを犯したときに。あなたはそれを事実として知っている。あなたの「革命的名誉」「世界のプロレタリア兵士たち」のチャンピオンがこれからさき何世紀もあなたをけがしたことになるのだ。あなたはいう、そのようなことは「戦争のときだけ」では

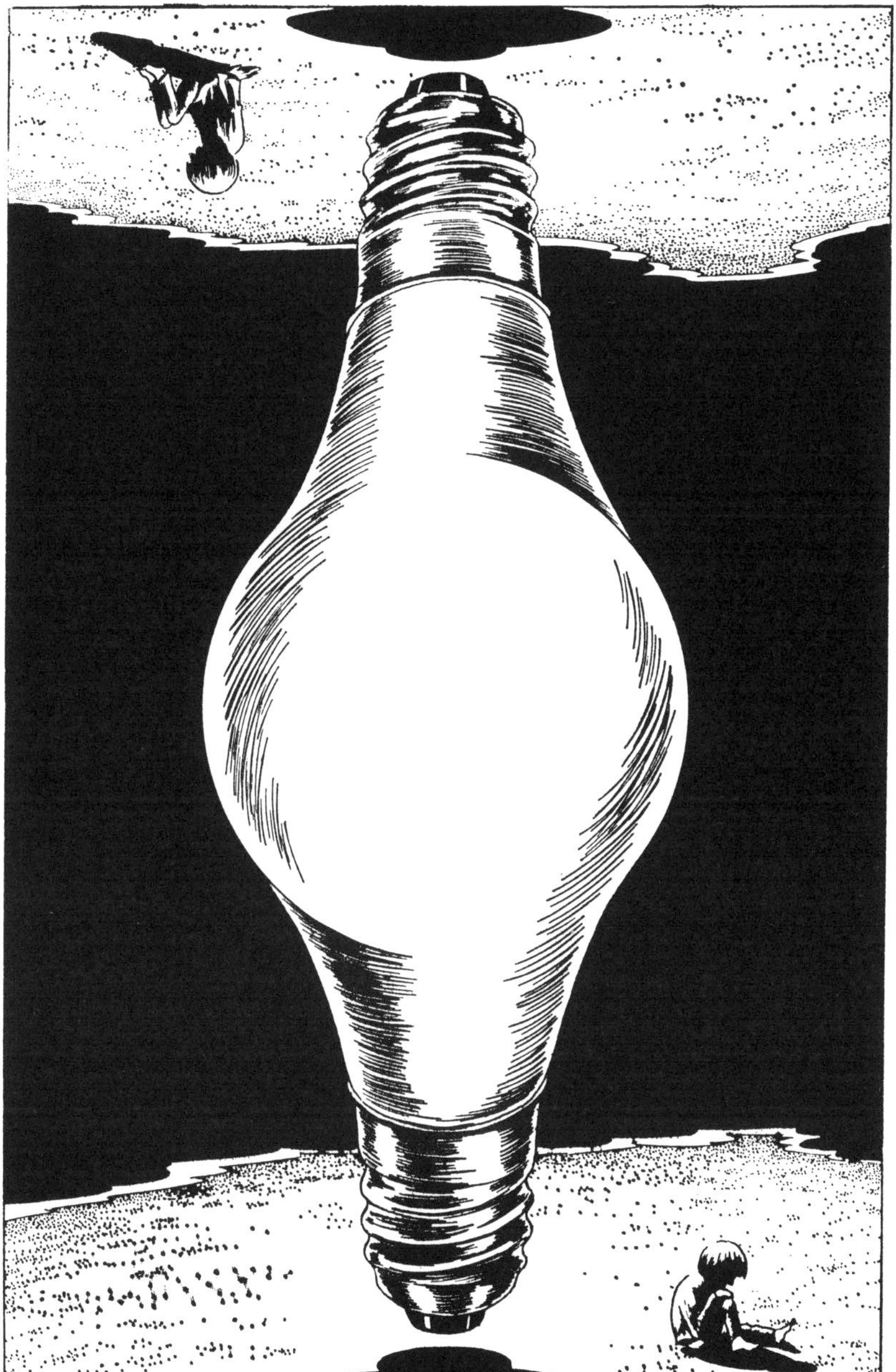

ないのかと。では、もうひとつのほんとうのはなしをあなたに告げよう。

ある独裁者の候補者は、プロレタリア独裁にたいしてすごく熱心であり、また同時に性経済に熱心だった。かれはわたしのところへきてこういった。「あなたはすばらしい。カール・マルクスは人びとにいかにして経済的に自由になれるかを示した。あなたは人びとにいかにして性的に自由になれるかを示した。あなたはいった。『すきなだけおまんこしなさい』と」。あなたの頭のなかで、あらゆるものがひっくりかえっている。わたしが愛のだきあいとよんだものが、あなたの生活では、わいせつな行為となっている。わたしがなににについてしゃべっているのか、それさえもあなたにはわからないのだ、小人物よ。だから、なんどもなんどもあなたは泥沼の底に沈むのだ。

12

もしあなたが、ちっぽけな女よ、たんなるぐうぜんで、なんの資格もなしに、あなた自身に子どもがないからという理由で教師になったとしたら、あなたはいいつくせない損害をあたえる。あなたの仕事は、子どもたちをあつかい教育することだ。教育においては、もしそれを本気で考えるなら、これは子どものセックスをただしくあつかうということを意味する。子どものセックスをただしくあつかうには、自分で愛とはなんだかを経験しなくてはならない。しかし、あなたはふとって、ぎごちなく、魅力がない。そのことだけでもあなたをして、あらゆる魅力のあるいきいきとした肉体をふかくにがい憎しみで憎ませるのにじゅうぶんだ。わたしがあなたを非難しているのは、あなたがふとって魅力がないことではない。あなたが愛を経験したことがない（健康な男ならそれをあなたにあたえはしない）ということでもない。あなたが子どもにおける愛情を理解しないということでもない。わたしがあなたを非難するのは、自分の魅力のなさと愛の不能をまつりあげて美徳とし、あなたのにがい憎しみでもって子どもの愛情をしめころすことなのだ、もしあなたが「進歩的学校」で働いていたとしたら。これは犯罪ですよ、みにくいちっぽけな女よ。あなたの存在の害は、あなたが健康な子どもの愛情をかれらの健康な父親たちからそらせることにある。あなたは子どもの健康な愛を、病理学的現象だとおもいこむのだ。それは樽の形をしたあなたが、樽のように動きまわり、樽のように考え、樽のように教育することにあるのだ。あなたがつつましく人生のすみっこにひっこむのでなくて、そのかわりに、この生命にあなたの樽の形、あなたのうそ、あなたのうその微笑のうしろに隠したにがい憎しみをおしつけようとするところにあるのだ。

　そして小人物よ、あなたがそのような女をして、あなたの健康な子どもたちをあつかうままにし、彼女たちのにがみと彼女たちの毒を健康なたましいにしたたり落ちるがままにして、あなたはいまあるがままなのだし、いまのまま生きつづけ、いまのように考えつづけ、世界はいまのまま変わることがない。

もうひとつ、あなたはこういうふうなのだ、小人物よ。あなたはわたしがいっしょうけんめい働いて、見つけだし、そのためにたたかったものをならおうとして、わたしのところへやってきた。わたしがいなければ、あなたはどこかちいさな町や村で無名のちいさな開業医になったはずだ。わたしは、あなたにわたしの知識と治療のテクニークをあたえて、あなたを偉大にした。わたしはあなたにおしえて、どのような方法で一日の毎分毎分に自由が抑圧され、自由の欠乏が増進させられるかをわからせた。するとあなたはどこかの国でわたしの仕事の解釈者として責任ある地位につく。あなたはことばのいかなる意味においても自由だ。わたしはあなたの正直を信用する。しかし、あなたは内心わたしにたよっている。というのはあなたはあなた自身ではおおくの発展をさせることができないからだ。あなたは、わたしから知識を飲むためにわたしを必要とし、自信を得るために将来のヴィジョンや、さらになににもまして発達のためにわたしを必要とする。これらすべてをわたしはよろこんであなたにあたえる、小人物よ。わたしは、なんのおかえしももとめない。するとあなたは宣言する、わたしがあなたを「犯した」と。あなたは元気に

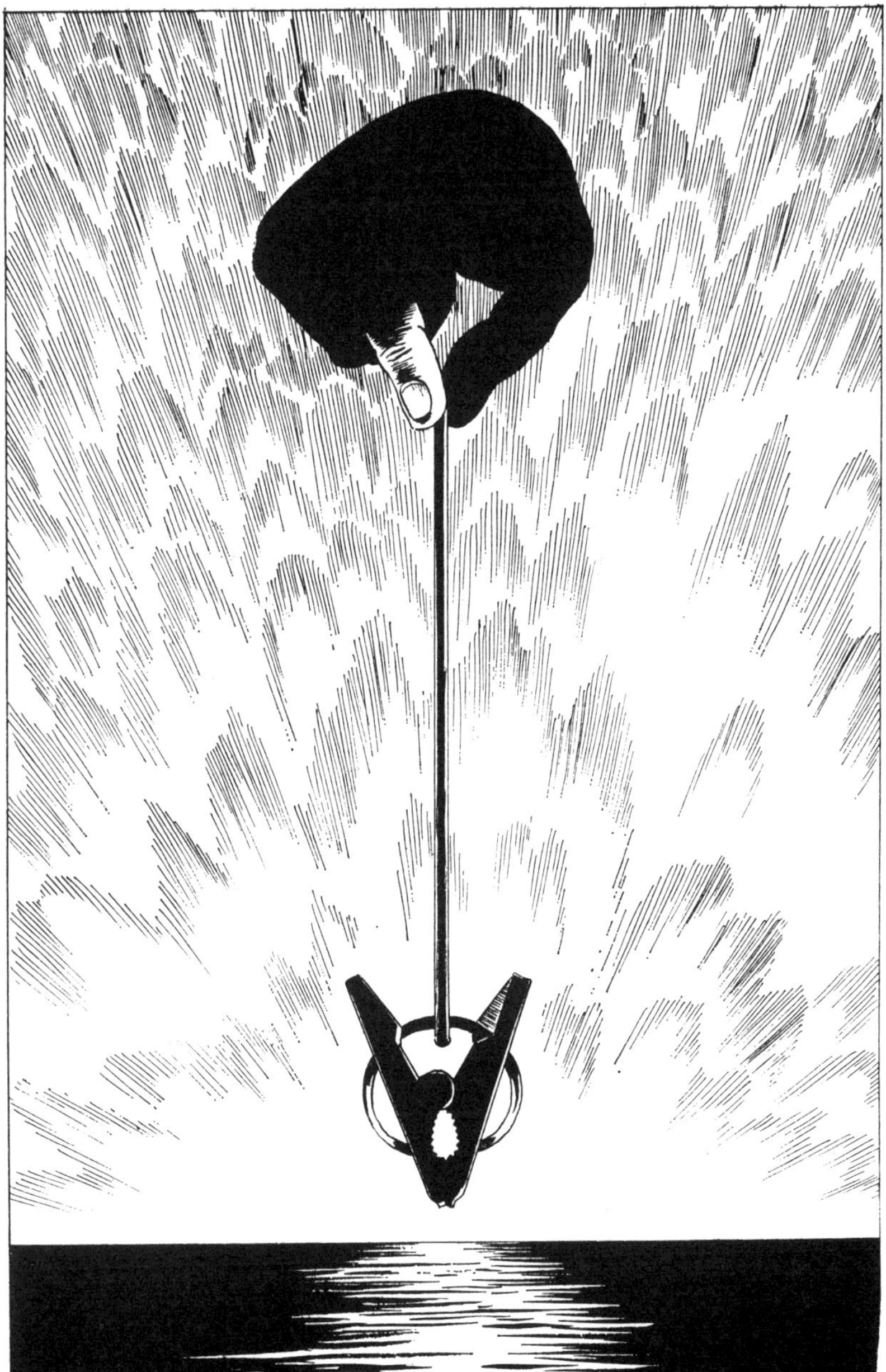

なる。自由になったと信じた。しかし、あつかましさと自由とを混同することは、いつも奴隷のしるしであった。あなたの自由を指さしながら、あなたの仕事についてわたしに報告を送ることをあなたは拒否する。あなたは解放されたとおもっている——共同作業と責任からの解放。こういうわけで、小人物よ、あなたはいつもいまのようなのだ。こういうわけで世界はいまのままなのだ。

知っていますか、小人物よ、もしワシがニワトリの卵をかえすとしたらどんな気がするか？　はじめにワシは、ワシの卵をかえしておおきなワシにしようとしている。しかし、卵から出てくるものはいつもちいさなヒヨコばかりだ。絶望のあまりワシは、ヒヨコがワシになってくれることを期待しつづける。だが、だめだ。ついにかれらはコッコッと鳴くニワトリであるにすぎない。ワシがこのことを知ったとき、かれはそれらのヒヨコやコケコッコのニワトリの全部を食べてしまいたい衝動を抑圧するのにとても苦しんだ。それをしないですますことができたのは、ちいさな希望があったからだ。その希望とは、すなわち、おおくのピヨピヨ鳴くヒヨコのなかに、いつかは、かれ自身とおなじく、おおきなワシになることができる能力のあるちいさなワシがまじっていて、たかいところにとまってとおくを見わたし、あたらしい世界、あたらしい思想やあたらしい型の生きかたをみつけようとするかもしれない。このちいさな希望があったから、悲しい寂

しいワシはすべてのピヨピヨいうヒヨコやニワトリを食べてしまわなかったのだ。かれら自身は、ワシに育てられているとは知らなかった。かれらは知らなかった、しめっぽい、くらい谷よりはるかにたかくけわしい岩の上に自分たちが住んでいたことを。かれらは、孤独のワシのようにとおくを見ることをしなかった。かれらは、ただワシがもってかえったものはなんでもガツガツガツと食べた。外が雨だったり嵐のときに、かれらはワシのつよい羽根の下でぬくぬくとしていたが、ワシは嵐にさらされ、たえていた。また、事態が悪くなると、かれらはとがったちいさな岩をものかげからワシに投げつけ、かれを傷つけようとした。この悪意を知ったときのワシのさいしょの衝動は、かれらをズタズタに引きさいてしまうことだった。しかし、かれはそれについて考え、かれらをあわれみはじめた。ときには、かれは期待した、もしかしたら、いやかならず、おおくのピヨピヨ鳴き、ガツガツ食べ、近視眼のヒヨコのなかに、かれ自身とおなじようになる能力のあるちいさなワシがまじっているかもしれないということを。

孤独のワシは、こんにちにいたるまであきらめてはいない。だからかれは、ちいさなピヨピヨたちをかえしつづけている。

あなたはワシになりたいとはおもっていない、小人物よ。だから、あなたはハゲタカに食べられてしまうのだ。あなたはワシをおそれている。だから、あなたはむらがってくらし、おおきなむれに食べられてしまうのだ。なぜならばあなたのヒヨコたちのある者はハゲタカの卵をかえしてしまった。そしてハゲタカがあなたの指導者になり、さらにとおくの、よりよき国へあなたを連れていこうとしているワシたちに反対させるのだ。ハゲタカがあなたにおしえたことは、死肉を食うことと、二粒三粒の麦で満足することだ。それから、かれらはあなたにおしえた、「ばんざい、ばんざい、偉大なハゲタカよ！」とさけぶことを。いまあなたがたは、大量に飢え死ぬ。それなのにあなたは、いまだにあなたのヒヨコたちをかえしたワシをおそれている。

これらすべてのことは、小人物よ、あなたが砂の上にたてたのだ。すなわちあなたの家、あなたの生活、あなたの文化と文明、あなたの科学と技術、あなたの愛とあなたの子どもたちの教育。あなたにはわからない、あなたはわかろうとしない、そしてそれをあなたに告げる大人物をあなたはころすのだ。あなたはおもい悩んで、なんどもくりかえしくりかえしおなじ質問をする。

「わたしの子どもはごうじょうで、なんでもこわし、夜泣きをし、勉強に身がはいらず、便秘に苦しみ、青白く、薄情だ。どうしたらいいでしょう？　たすけてください！」。

または「わたしの妻は不感症で、彼女はわたしを愛さない。彼女はわたしをいじめ、ヒステリーになり、何人もの男を追いかけまわしている。どうしたらいいでしょう？　おしえてくださ い！」。

または「あたらしいもっとおそろしい戦争がはじまった、そしてこれは戦争をおわらせる戦争のあとでこうなのだ。どうしたらいいだろう？」。

または「わたしが誇りにしている文明は崩壊しつつあり、それはこのインフレのせいなのだ。何百万という人々が食べるものがなく、かれらは飢え、かれらはころしあい、盗み、堕落し、すべての希望をすてている。われわれはなにをするべきか？」。

「わたしはなにをするべきか？」。「人はなにをなすべきか？」。これがあなたの何世紀もつづけてきた永遠の質問だ。

13

偉大な業績の運命は、保身よりも真理をさきに考えるような生きかたから生まれ、あなたによってむさぼり食われ、ふたたびあなたによって排泄される。

たいへんおおくの勇気ある孤独な大人物たちが、むかしからあなたになにをすべきかいいつづけてきた。なんどもくりかえしくりかえし、あなたはかれらのおしえをねじまげ、支離滅裂にして生命をうばった。くりかえしくりかえし、あなたはまちがった方向から問題をとらえ、偉大な

ピチャッ

真理をあなたの人生のみちびきとするかわりに、ちいさなまちがいをもってした、キリスト教において、社会主義のおしえにおいて、人民主権のおしえにおいて、あなたがふれるあらゆるものにおいて、小人物よ。なぜこのようなことをするのか、とあなたはきくのですか？　あなたの質問が本気でなされたとはとても信じられない。あなたが真理をきくとき、あなたはころしたい衝動にかられるだろう。すなわち、あなたはあなたの家を砂の上に建てた。あなたがこのことをしたのは、あなた自身に生命を感じる能力がないからだ。あなたの子どものなかにある愛をそれが生まれるまえにころすからだ。あなたはいかなるいきいきした表現も、いかなる自由なしぜんな動作も許すことができないからだ。それをあなたが許すことができないから、あなたはこわくなり、こうきくのだ、「ジョーンズ氏はなんというだろう、スミス判事はなんというだろう？」。

あなたはあなたの考えかたにおいておくびょうなのだ、小人物よ。なぜならばほんとうの考えというものは肉体的感情にともなわれているものであり、あなたはあなた自身の肉体をおそれているからだ。おおくの大人物たちがあなたにいった、あなたの源へもどりなさい――あなたの内なる声に耳をかたむけなさい――あなたのほんとうの感情にしたがいなさい――。愛をたいせつにしなさい。しかしあなたはかれらのいったことに耳をかたむけなかった。というのは、そのようなことばをきく耳を、あなたはうしなっていたからだ。それは広漠たる砂漠でうしなわれ、孤独の予言者たちは、あなたのおそるべき砂漠の空虚のなかにほろびたのだ、小人物よ。

あなたはニーチェの超人への上昇、またはヒトラーの下人間への下降のどちらかをえらぶことができた。あなたは、ばんざい！　とさけんで下人間をえらんだ。

あなたはえらぶことができた、レーニンのほんとうに民主的な憲法、またはスターリンの独裁を。あなたはスターリンの独裁をえらんだ。

あなたはえらぶことができた、あなたの感情的疫病の性的核心についてのフロイトの解明、またはかれの文化的適応の理論のどちらかを。あなたはかれの文化哲学をえらんだが、それはあなたに立つべき足をあたえず、性の理論を忘れてしまっていた。

あなたはえらぶことができた、イエスの偉大な素朴さ、またはパウロの、僧侶にたいしては独身を、あなた自身にたいしては一生のおしつけがましい結婚をとくおしえのどちらかを。あなたは独身主義とおしつけがましい結婚をえらび、愛だけでもってキリストをはらんだかれの素朴な母親のことを忘れてしまった。

あなたはえらぶことができたはずだ、マルクスがといたあなたの生きた労働力の生産性の意識、それのみが商品価値をつくりだすものだが、それといっぽうに、国家という考えを。あなたはあなたの仕事における生命を忘れ、国家の概念をえらんだ。

フランス革命のあいだ、あなたは残酷なロベスピエールと偉大なダントンのどちらかをえらぶことができた。あなたは残酷をえらび、偉大さと親切を絞首台へおくった。

ドイツでは、あなたはゲーリングやヒムラーにたいしてリープクネヒト、ランダウアー[13]やミューザム[14]をえらぶことができたはずだ。あなたはヒムラーを警察長官にし、あなたはあなたのほんとうの友だちをころした。あなたはユリウス・ストライカー[15]かワルター・ラーテナウをえらぶことができた。あなたはラーテナウをころした。

あなたはロッジ[16]またはウィルソン[17]をえらぶことができた。あなたはウィルソンをころした。

あなたは残酷な宗教裁判とガリレオの真理のどちらかをえらぶことができた。あなたはガリレオにひどい屈辱をあたえ、死ぬほどいじめつけたが、かれの発見から利益を得ている。この二〇世紀において、あなたはふたたび宗教裁判の方法に花を咲かせている。

あなたはえらぶことができた、精神病の理解または衝撃療法のどちらかを。あなたは衝撃療法をえらんだ、というのはあなた自身のみじめさの巨大な次元を知りたくなかったからだし、開かれた澄んだ目が役にたつべきところを、目をつぶったままでとおしたかったからだ。

あなたはえらぶことができたはずだ、ガンの細胞についての無知と、または何百万の人間の命を救うことができるし、またできたはずであるガンの秘密についてのわたしの発見のどちらかを。

あなたはガンについて雑誌や新聞でおなじおろかさをくりかえし、あなたの子ども、あなたの妻またはあなたの母をすくうかもしれない知識については沈黙をつづけている。

あなたは何百万単位で飢えて死んでいるが、ウシの神聖さについて回教徒と争っているではないか、ちっぽけなインド人よ。あなたはボロをまとって歩く、トリエステのちっぽけなイタリア人とちっぽけなスラブ人よ、しかし、トリエステが「イタリー領」か「スラブ領」かの問題以外になんの心配もないではないか。トリエステは全世界からの船をいれる港だとわたしはおもっていた。

あなたは、ヒトラー主義者たちが何百万人の人びとをころしたあとでかれらを絞死刑にしたが、かれらが何百万人をころすまえにあなたはどうおもっていたか？　数ダースの死体があなたを考えさせるのにじゅうぶんではないか？　あなたの人類愛をかきたてるには何百万の死体が必要なのか？

これらの心のせまさのひとつひとつが、人間という動物の巨大な悲惨さを説明している。あなたはいう、「なぜそんなにこれらのことを重大に考えるのか？　あなたはこれらすべてと、すべての悪にたいして責任を感じるのか？」。これをいいながら、あなたはあなた自身に有罪を宣告しているのだ。もしもあなた、何百万人のうちのひとりの小人物があなたの責任のひとかけらでももっていれば、世界はちがって見えたはずだし、あなたの友だちの大人物はあなたの心のせまさのために死んだりしなかったはずだ。

あなたの家が砂の上にたっているということは、あなたがぜんぜん責任をとらないからだ。天井はあなたの上に落ちてくるが、あなたは「プロレタリアの」または「国家的」名誉をもっている。床はあなたの足もとでくずれているが、落ちながらあなたはさけびつづける。「ばんざい、偉大な指導者、ばんざい、ドイツ、ロシア、ユダヤの名誉よ！」。水道管はこわれ、あなたの子どもはおぼれているが、あなたは「規律と秩序」をとなえてあなたの子どもをなぐっておしえこもうとしている。あなたの妻は肺炎でねているが、あなた、小人物は、「ユダヤの幻想」の産物である岩の基盤とはなんだろうかと考えている。

あなたは走ってわたしのところにきてこうきく、「わたしの偉大な親切なやさしいドクターよ！わたしはなにをすべきでしょう？　わたしの家はくずれかけ、風が吹きとおり、わたしの子どもと妻は病気で、わたしも元気ではない。わたしはなにをすべきでしょうか？」。その答えは、あなたの家を岩の上にたてなさい。岩とはあなたがあなた自身のなかでころしているあるがままのあなた、あなたの子どもにたいする肉体的な愛、あなたの妻にたいする愛の夢、一六歳の時にあなたが夢みた生きかただ。あなたの幻想をひとかけらの真理と交換しなさい。あなたの政治屋と外交屋をくびにしなさい。あなたの隣人のことは忘れ、あなたの内部の声に耳をかたむけなさい。あなたの隣人もそれをよろこぶでしょう。あなたの同僚、世界中の同業者にあなたは生命のためにだけよろこんで働くが、死のためにはもはや働かないつもりだといいなさい。あなたの死刑執行人の処刑にかけつけて処刑されるかわりに、人間の命と財産をまもる法律をつくりだしなさい。

そのような法律は、あなたの家をささえる岩の一部となるだろう。あなたの子どもの愛をみだらな欲求不満の男女の攻撃からまもりなさい。うわさを流すオールドミスをやっつけろ。彼女を公衆のまえにさらすとか、または愛にこがれている青少年のかわりに彼女を施設に送りこむべきだ。あなたが仕事をみちびく地位にあるとしたら搾取においてあなたの搾取者をうわまわるようなことをしないようにしてほしい。あなたの、縞のズボンとシルクハットをほうりだし、あなたの妻をだくために法律的許可をもとめたりしてはいけない。よその国の人びとと接触しなさい。なぜならかれらはあなたとおなじように、いろいろよいところもあるし、悪いところもある。あなたの子どもを自然（または「神」）がつくったまま育てあげるようにしなさい。自然を改良しようとしてはいけない。そのかわりに、それを理解しまもるようにしなさい。試合を見るかわりに図書館へ行き、遊園地へ行くかわりに外国へ行きなさい。そして、もっともたいせつなことは、

正確に考えること、あなたにそっと合図をしている内部の声に耳をかたむけなさい。あなた自身の生きかたはあなた自身の手のなかにある。それをほかの人に一任したり、とくにあなたがえらんだ指導者たちにまかせたりしてはいけない。あなた自身でありなさい！　おおくのえらい人たちがあなたにこのようにいってきた。

「この反動的プチブル個人主義者をきけ！　かれは冷厳な歴史過程を知らない。『汝自身を知れ』とかれはいう。なんというブルジョワ的ナンセンス！　世界の革命的プロレタリアートは、敬愛する指導者、全人民、全ロシア人、全スラブ人の父にみちびかれ、人民を解放するであろう！

個人主義者とアナーキストをやっつけろ！」。

そして全人民と全スラブの父よ、ばんざいだと、小人物よ！　ききなさい、小人物よ。わたしは本気でつぎのように予言したい。

あなたは、世界の支配権をゆだねられようとし、それがあなたを恐怖でふるえさせている。これから何世紀にもわたって、あなたはあなたの友だちをころし、あなたの主人として全人民、プロレタリアとすべてのロシアの指導者を歓迎するだろう。毎日毎日、毎週毎週、毎時代毎時代、あなたはひとりの主人にかわるのに、つぎの主人をほめたたえるだろう。そして同時に、あなたはあなたの赤ん坊の泣き声、あなたの青少年のみじめさ、あなたの男や女たちのあこがれをきく

こともなければ、もしきいたとしても、あなたはそれらをブルジョワ的個人主義とよぶだろう。何世紀にもわたって、あなたは生命がまもられるべきところで血をながすだろう。そして死刑執行人のてだすけにより解放を達することができると信じるだろう。このようにして、あなたはくりかえしくりかえし、おなじ泥沼にはまっているあなた自身を発見するだろう。何世紀にもわたって、あなたはほらふき男について歩くが、生命、あなたの生命があなたによびかけるときには、きこえもしないし見えもしない。あなたは生命をおそれているからだ、小人物よ、死ぬほどおそれている。あなたはそれをころすだろう、「社会主義」または「国家」または「国家的名誉」または「神の栄光」のためにそうするのだと信じながら。あなたが知らない、または知りたがらないひとつのことがある。あなた自身があなたの不幸を毎時間毎時間、毎日毎日つくっているのだ、ということ。あなたはあなたの子どもを理解せずに、かれらが背骨を発達させるチャンスもまたないうちにそれをこわしているのだということ。あなたが愛をぬすむということ。あなたは欲ふかく、また権力きちがいであるということ。あなたはあなた自身も「主人」になろうとして犬を飼っているということ。何世紀にもわたって、あなたは道に迷い、あなたとあなたの同類は全社会的悲惨さのうちに大量に死ぬだろう。そして、ついにあなたの存在のおそろしさがあなたのなかにあなた自身にたいする洞察のさいしょのよわい光を発火させるだろう。そして、だんだんと手さぐりであなたは学ぶだろう、あなたの友だち、愛と仕事と知識の人間をさがすことを、そしてかれを理解し尊敬することを。そしてあなたはだんだんわかりはじめるだろう、図書館のほうが選手権試合よりもあなたの生命にとって重要だということが、パレードよりも森のなかを考えながら歩くことが、ころすことよりいやすことのほうが、国家的意識よりも健康な自信のほうが、また愛国的とかそういったさけび声よりはつつしみぶかさのほうが、重要だということが。

14

あなたは、目的が手段を正当化する、たとえ悪い手段であってもそうだとおもっている。あなたはまちがっている。目的地はあなたが到達しようとそこを歩く道の上にある。きょうの一歩一歩があなたのあしたの生きかただ。どのような偉大な目的も悪い方法によっては到達することはできない。そのことはあらゆる社会的革命においてあなたが実証してきたところだ。目的にたいする方法の悪さとか非人間性は、あなた自身を悪く非人間的にし、目的に到達できなくする。

「ではどのようにしてわたしは、キリスト教的愛の、社会主義の、アメリカ憲法のわたしの目標に到達することができるだろうか？」。あなたのキリスト教的愛、あなたの社会主義、あなたのアメリカ憲法は、毎日あなたがすることのなかにある、毎時間あなたが考えること、あなたの相手をだくだきかたや、あなたが子どもに接する接しかたに、あなたがあなたの仕事をあなたの社会的責任としてどのようにみるか、またあなたがあなたの生命の抑圧者となりそうなのをどのようにしてさけるかというところにある。

しかし小人物よ、あなたは憲法においてあなたにあたえられた自由をまちがって使い、それをひ、っ、く、り、か、え、そうとし、それが毎日の生活に根をはるようにはしない。

スェーデンのもてなしを乱用するドイツの亡命者としてのあなたを見たことがある。そのころ、あなたは全世界の抑圧された人びとの未来の指導者だった。あなたはスェーデン風のセルフサービスの施設をおぼえていますか？　おおくの食物やおかしがひろげられていて、なにをどのくらい取るかはお客の自由になっている。あなたにとって、このやりかたはあたらしく慣れないものだった。人間の寛大さを信用することができるということが、あなたには理解できなかった。あなたは悪意のよろこびでもってわたしに語った、夕方の無料の食事をつめこむために一日中絶食していたはなしを。

「わたしは子どもみたいに腹ぺこだった」とあなたはいう。わかっています、小人物よ。なぜならわたしはあなたが飢えているのを見たし、飢えがどのようなものだかわたしも知っている。

しかし、あなたは知らないのだ、あなたがバイキング料理を盗むことにより子どもの空腹を何百万倍も永続させたことを。すべての飢えたる者の未来の救済者あなたよ、人がけっしてしないいくつかのことがあるものだ。たとえば銀のさじや女を盗むとか、民宿のバイキング料理を盗むとか。ドイツの破滅のあとで、あなたは公園で半分飢え死にしかけていた。あなたはわたしにいった。あなたの党の「レッド・ヘルプ」はあなたをたすけることを拒否した。なぜならあなたは党員カードをうしなってそれを示すことができなかったからだ。すべての飢えたる者の指導者は赤・白と黒の飢えた人びとを区別し、差別した。しかしわれわれはただひとつの飢えた有機体を知っている。これがちいさなことでのあなたのやりかただ。

そして、おおきなことであなたはこうなのだ。

あなたは資本主義時代の搾取と人間の生命の軽視を廃止し、あなたの権利を認めさせるためにのりだした。百年まえには搾取と人間の生命の軽視と無視があったからだ。しかし、偉大な業績にたいする尊敬と、偉大なものをあたえる人にたいする忠誠と、贈りものにたいする感謝もまたあった。そしてあなたはなにをしたか、小人物よ？

あなたがあなた自身のちいさな指導者たちを椅子につけたところでは、あなたの力にたいする搾取は百年まえよりもっときびしく、あなたの生命にたいする軽視はもっと非情で、あなたの権利はぜんぜん認められていない。そして、あなたがあなた自身の指導者たちを椅子につけようと努力しているところでは業績にたいする尊敬はぜんぜん消えて、あなたの偉大な友だちによってなされたつらい仕事の果実だけを盗むことになっている。あなたは、贈りものにたいする感謝がわからないでしょう。というのは、もしあなたがものごとを認め尊敬するようだったら、もはやあなたは、自由なアメリカ人やロシア人や中国人ではなくなってしまうとおもっている。あなたがほろぼそうとおもったところのものは以前よりもつよく栄えている。そしてあなたがあなた自身の生命のようにまもり育てなくてはならないものを、あなたはほろぼしてしまった。忠誠というものをあなたは「センチメンタル」または「プチブル的習慣」だとおもい、業績にたいする尊敬を奴隷的なおべっかつかいだとおもっている。あなたにはわからないのだ、あなたが無視すべきときにあなたはおべっかをつかい、あなたが忠誠をつくすべきときにそれをつくさないでいるということが。

　あなたはさかだちしていながら、自由の領域へおどりこみつつあると信じている。あなたはあなたの悪夢からめざめるだろう、小人物よ。そして大地に絶望的によこたわっている自分自身を発見するだろう。なぜなら、あなたはあたえられるときに盗み盗まれるときにあたえているからだ。あなたは混同している、言論・思想の自由と無責任なおしゃべりや卑しい冗談を。あなたは

批評しようとするが批評されたいとはおもわない。そして、この理由によってあなたは分裂している。あなたはいつも自分自身をさらけだすことなしに、攻撃ばかりしようとする。だからあなたは、いつもうしろから撃たれるのだ。

「おまわりさん！　おまわりさん！　かれのパスポートはいいのですか？　この人はほんとうに医学博士なのですか？　かれの名前は紳士録にでていないし、医師会はかれに反対しているではありませんか」。

警察はここではなんの役にもたたない、小人物よ。かれらは泥棒をつかまえたり交通整理をすることはできるが、あなたのために自由を獲得することはできない。あなたはあなた自身であなたの自由をほろぼし、ほろぼしつづけるだろう、絶対的な首尾一貫性をもって。「第一次世界大戦」のまえは、国外旅行にパスポートというものはなかった。あなたは、行きたいところへはどこへでも行けた。「自由と平和」のための戦争がパスポート制限をもたらし、それがしらみのようにあなたについてまわる。あなたがヨーロッパで三〇〇キロ旅行したいとおもったら、あなたはまず第一に一〇の国家の領事館に許可を願いでなければならなかった。そしていまもそうだ、第二次世界大戦――すべての戦争をおわらせる第二回めの戦争がおわって何年もたっているのに。そしてこのままずっとすべての戦争をおわらせるための第三次と第n次大戦後までこのままだろう。

「きけ！　あいつはわたしの愛国心と国家の名誉と栄光をけがしている！」。

ああ、だまりなさい、小人物よ。二種類のひびきがある、山の頂きをめぐる嵐のさけび声と、――あなたのおならだ。あなたはおならだ。しかしあなたはすみれのにおいがすると信じている。わたしがあなたの神経症的不幸を治療すると、あなたはわたしが紳士録にでてるかどうかたずねる。わたしがあなたのガンを理解すると、あなたのちいさな保健長官がわたしのネズミの実験を禁止する。わたしはあなたの医者たちにあなたを医学的に理解することをおしえたが、あなたの医師会はわたしを警察に告発した。あなたが精神病になると、かれらはあなたに電気ショックをあたえる、ちょうど中世にかれらが鎖とむちを使ったように。

15

おだまりなさい、親愛な小人物よ。あなたの生活はあまりにもみじめだ。わたしはあなたをたすけようとおもわないが、あなたが白いガウンとマスクをつけて、あなたの残酷な、血まみれの手に、わたしをつるすためのロープをもってきたとしても、あなたにたいするはなしはつづけたい。あなたはわたしの首をしめることはできないのだ、小人物よ、あなた自身の首をしめずには。

なぜならわたしは、あなたの生命、世界にたいするあなたの感情、あなたの人間性、あなたの愛とあなたの創造のよろこびを代表するから。ノー、あなたはわたしをころすことはできないのだ、小人物よ。かつてわたしはあなたをおそれていた、ちょうどそのむかし、わたしがあなたを信じすぎていたのと同様に。わたしはあなたをとおりすぎてしまった。そしていま何千年という展望のなかで、過去と未来にわたってあなたを位置づけることができる。あなたは、あなた自身にたいするおそれをなくしてほしい。あなたがもっと幸福にもっと自覚をもって生きてほしい。わたしがあなたにのぞむことは、硬直したのではなく、しなやかな体をもつこと、あなたの子どもを憎むのでなくて愛すること、あなたの妻を「結婚で」苦しめるのでなくて幸福にすることだ。わたしはあなたの医者で、あなたはこの宇宙に住んでいるのだから、わたしは宇宙の医者だ。わたしはドイツ人でもなければ、ユダヤ人でも、キリスト教徒でも、イタリア人でもなく、わたしは地球の市民だ。ところがあなたにとっては、天使のようなアメリカ人か鬼畜のような日本人しか存在しない。

「つかまえろ！　かれを調査しろ！　かれは開業医の免許をもっているか？　われわれの自由の国の王の許可なくしてかれが開業することはできないのだという勅令を公布せよ！　かれはわれわれの快楽機能について実験している！　牢屋にいれろ！　国から追放しろ！」。

わたしの活動には、わたし自身が許可をするのだ。ほかのなんぴとといえども、それをわたしにあたえることはできない。わたしは、あたらしい科学をひらき、それは最終的にはあなたの生命を理解することになる。あなたはそれを十年、百年または千年たったら利用することになるだろう、ちょうど過去にあなたが希望の綱がつきたときにほかのおしえをむさぼりつくしたように。あなたの保健長官はわたしにたいしてなんの権限もないのだ、小人物よ。かれにわたしの真理を知る勇気があったなら、かれは影響力をもつことができたはずだ。しかし、かれにはこの勇気がなかった。だからかれは国にもどり、わたしがアメリカの精神病院にいれられていると告げるのだ。そしてかれは、なんのとりえもない人間を病院監察長官に任命するのだ。そしてかれは、快楽機能を否定しようとして、うそだらけの実験をやった。わたしはそれにたいして、あなたにこのように話しかけているのだ、小人物よ。あり得べきあなたの力がよわめられていることの証拠をもっとたくさん欲しいですか？　あなたの当局、保健所長や教授たちはあなたのガンにたいする理解を禁止するようなことを強行することはできない。かれらがはっきりと禁止したにもかかわらず、わたしはわたしの解剖と顕微鏡で研究をつづけた。わたしの仕事をこわそうとしてかれらは、イギリスとフランスへいったがなんの役にたたなかった。かれらはいつもそうであったように、れいの場所、病理学から動けなかった。わたしはそれとはぎゃくに、一度ならずもあなたの生命をすくってきたのだ、小人物よ。

「わたしが全プロレタリアの指導者をドイツで権力につけたら、あいつを壁のまえに立たせてやる！　あいつは、われわれのプロレタリア青年を害している！　あいつの主張によれば、プロレタリアもブルジョワと同じく愛することの不能力に悩んでいるそうだ！　あいつはわれわれの青少年組織を売春宿に変えてしまう。あいつの主張はわたしが動物だというのだ！　あいつはわたしの階級意識を破壊する！」。

そうだ、わたしはあなたの理想を破壊する。なぜなら、それがあなたの良識と頭脳を犠牲にしているからだ、小人物よ。あなたが欲しているのはあなたの偉大な永遠の希望を鏡で見ることでしかなく、それをあなたは手にすることはできないでいる。しかし、あ、な、た、の手に握られた、真理だ、け、が、あ、な、た、を、こ、の、地、上、の、主、人、に、す、る。

「かれを国外追放しろ！　かれは平穏と秩序を破壊する。かれはわたしの永遠の敵のスパイだ。かれはモスクワ（またはベルリン？）からの金で家を買った！」。

あなたにはわからないのだ、小人物よ。よわい老婆はネズミをおそれていた。彼女はわたしの隣人でわたしが地下室で実験用のネズミを飼っていることを知っていた。彼女がおそれていたことはネズミが彼女のスカートの下の股のあいだにもぐりこむことだった。彼女が愛のよろこびを経験したことがあったなら、このような恐怖をもたなかったはずだ。これらのネズミこそ、わたしがあなたのガンによる腐敗を理解するものなのだ、小人物よ。あなたがたまたまわたしの家主であったので、そのあわれな小心の女はわたしに立ちのきを命じた。そしてあなたは、あなたの勇気とばくだいなあなたの理想と倫理をもって、わたしを追いだした。わたしはあたらしい家を買ってネズミの実験をあなたのために、あなたとあなたの小心によって乱されずに実験をつづけるようにしなければならなかった。このあとで、あなたはなにをしたか、小人物よ？　野心にみちた小心の地方検事としてあなたはあなたの立身出世をはかるために有名な危険人物を利用しようと考えた。あなたはわたしがドイツ人だといった、または、れいによってロシアのスパイだといった。あなたはわたしを留置場にぶちこんだ。しかし、その価値はあった。公聴会においてあなたがそこにすわり、まっ赤になっているのを見ることができたから。わたしはあなたがかわいそうだった、国家の小心な召使いよ。それほどあなたはみじめだった。そして、あなたの秘密警察たちは、わたしの家を「スパイ資料」をもとめて捜査したときに、あなたのことをけっして、よくはいわなかった。

あとで、あなたにふたたびあったとき、こんどはブロンクス〔18〕から来た小心な判事だったが、かれは上級裁判所の椅子にたいするみたされない野望をもっていた。あなたはわたしを非難して本棚にレーニンとトロツキーがあるではないかといった、あなたにはわかっていなかったのだ、小人物よ、本棚がなんのためにあるのかが。わたしはあなたにいった、わたしはまたヒトラーと仏陀とイエスとゲーテとナポレオンとカサノヴァを本棚にもっていると。というのは、あなたにいったように感情的疫病を理解するためには、それをすべての側面からしたしく知らなくてはならないのだ。これはあなたにとってあたらしいことだった、小心の判事よ。

「ぶちこめ！　あいつはファシストだ！　あいつは人民をきらっている！」。

あなたは「人民」ではないのだ、小心の判事よ。あなたこそ人民をきらっている、というのはかれらの権利を執行しようとしないで、そのかわりにあなたの出世ばかりをはかっている。これもまた、おおくの大人物たちによっていわれてきたことだ。しかし、もちろんあなたはそれを読んでいない。わたしは人びとに真理を告げるというおおきな危険に身をさらすときに人民を尊敬している。わたしはあなたといっしょにブリッジをしたり冗談をいうことだってあるだろう。しかし、わたしはあなたとおなじテーブルにはすわらない。なぜならあなたは人権宣言のよわい主張者だからだ。

「あいつはトロツキー主義者だ！　あいつをぶちこめ！　あいつは人びとをアジっている、アカのイヌだ！」。

わたしは人民をアジったりしない、があなたの自信、あなたの人間性をアジり、それがあなたにはがまんできないのだ。というのは、あなたがのぞんでいるのは投票権や立身出世で、あなたは最高裁判所の判事とか全プロレタリアの指導者になりたがっている。あなたの正義とあなたの指導者意識こそが世界の首にまきつけられたロープなのだ。あなたはウィルソン、このあたたかい大人物にたいしてなにをしたか？　あなた、ブロンクスの判事にとって、かれは「夢想家」だった。あなた、全プロレタリアの将来の指導者にとって、かれは「人民の搾取者」だった。あなたはかれをころしたのだ、小人物よ、あなたの怠慢と、あなたのむだなおしゃべりと、あなた自身の希望にたいする恐怖でもって。あなたは、わたしをもまたほとんどころしたのだ、小人物よ。

16

わたしの実験室をおぼえてますか？　一〇年まえの。あなたは技術助手だった。あなたは失業していて、わたしのところにりっぱな社会主義者として与党メンバーから推薦されてきた。あなたは高給を受け、ことばのほんとうの意味で自由だった。わたしはいろいろ考えたすえあなたをいれたのだ。なぜならわたしは、あなたを信じあなたの「使命」を信じたからだ。なにがおこっ

たかおぼえていますか？　あなたは自由で頭がおかしくなった。何日もあなたは、パイプをくわえて、することなく歩きまわってばかりいた。なぜあなたが仕事しないのか、わたしはわからなかった。わたしが朝実験室にはいってみると、あなたは挑発的にわたしがさきにあいさつするのをまっていた。わたしはわたしのほうからあいさつするのがすきなのだ、小人物よ。しかしだれかがわたしがそうするのをまっていたら、わたしは怒る、なぜならわたしはあなたの意味で、あなたの「先輩」であり「ボス」だからだ。わたしはあなたがあなたの自由を誤用するのを何日間か許しておいた。そして、あなたとはなした。目に涙を浮かべてあなたは認めた、このあたらしい種類の制度においてはなにをしたらよいのかわからなかったということを。あなたは自由になれていなかった。あなたのまえの地位においては、あなたは上役のまえでタバコをすうことを許されていなかった、あなたは、はなしかけられたときだけ答えることになっていたのだ、あなた全プロレタリアの将来の指導者よ。しかしこんどは、あなたがほんとうの自由を得たときに、あなたは無遠慮に挑発的にふるまった。わたしはあなたを理解し、くびにはしなかった。するとあなたはやめて、どこかの禁酒主義の警察精神医にわたしの実験について告げた。あなたこそが密告者だ、わたしにたいする新聞のキャンペーンをそそのかした偽善者で共謀者のひとりだ。あなたはいつもこうなのだ、小人物よ、あなたに自由があたえられると。あなたの意図に反して、あなたのキャンペーンは、わたしの仕事を一〇年分すすめた。

というわけで、あなたには別れを告げるのだ、小人物よ。わたしはもう、あなたに奉仕しようとはおもわない。あなたの承諾を得ようとしてじわじわ死ぬまで苦しめられることはまっぴらだ。わたしがはいりつつあるあのかなたの領域にあなたはついてこられない。未来になにがあなたをまっているか、うすうすでも感づいたら、あなたは恐怖におちいるだろう。あなたは、世界の支配権を引き渡されつつある。わたしの孤独な守備範囲は、あなたの未来の一部分だ。しかしまだ、わたしはあなたを旅の友だちとはしたくない。旅の友だちとしてのあなたは、酒場でだけじゃまにはならないが、そこはわたしの行かないところだ。

「やっつけろ!　かれはわたし――ふつうの人間が、つくりあげた文明をばかにしている。わたしは自由の民主主義における自由な人間だ。ばんざい!」。

あなたはなにものでもないのだ、小人物よ、ぜんぜんなにものでもないのだ。この文明をつくったのはあなたではなくて、少数の知覚した巨匠たちだ。あなたが建設の仕事をしていたときには、なにをつくっているのかぜんぜんわかってもいなかった。そしてだれかがその建設についてあなたが責任をとるようにいえば、あなたはそのひとを「プロレタリアの裏切り者」とよんで、全プロレタリアの父のところへ走る。しかしかれのほうはそんなことをいわなかった。

あなたは自由でもないのだ、小人物よ。あなたは自由がなんだかわかっていない。あなたは自由になったらどのようにくらすかわかっていない。だれがヨーロッパの勝利に感情的疫病をもたらしたか？　あなただ、小人物よ。そしてアメリカでは？　ウィルソンのことをおもえ。

「きけ、かれはわたし――小人物を告発している！　わたしがだれで、どんな権力があり、アメリカ合衆国の大統領にたいしてどんな影響力があるというのか？　わたしはわたしの義務をはたし、上役が命ずることをやり、高級な政治にくちばしをいれたりはしない」。

あなたが何千人の男、女と子どもをガス室に引きずっていったときに、あなたはいわれたことをしたのにすぎなかったのではないか、小人物よ？　あなたは、なにがおこなわれているのか知らないほど無害なのだ。あなたはなんの発言権もなく、自分がなんであるかも知らないあわれな悪魔にすぎない。政治にくちばしをいれるなんて、いったいあなたはなにものなのだ？　わたしは知っている。わたしはくりかえしそれをきいてきた。しかし、わたしはあなたにたずねる、なぜだれかがあなたはあなたの仕事の責任をとるべきだといったときに、またあなたの子どもをなぐらないように、また独裁者にしたがわないようにいったときに、あなたは自分の義務をはたさないのか？　あなたの義務はなんなのか、あなたの無害な服従なのか？　いいや、小人物よ、あなたは真相が語られるときにきく耳をもたず、雑音にだけ耳をかたむけるのだ。そうしておいて

あなたはさけぶ、ばんざい！　あなたはひきょうで非情だ、ほんとうの義務の感覚すなわち人間であり、また人間性をまもらなければならないという意識がない。あなたは、賢者をまねるのはへたで、泥棒をまねるのはうまい。あなたの映画、ラジオと「マンガ」は殺人でいっぱいだ。

あながあなた自身の主人になるまえに、あなたはあなた自身とあなたのいやしさを何世紀もひきずっていかなければならない。あなたの未来によりよく奉仕するために、わたしはあなたから別れよう。はなれていれば、あなたはわたしをころすことができず、とおくから見るときにあなたはわたしの仕事をもっと尊敬するからだ。ちかくにあるものをあなたは軽蔑する。あなたはあなたの元帥や大将を台坐の上にのせるが、それはかれを尊敬することができるためにだ、たとえかれが軽蔑に値しても。というわけで、大人物は世界が歴史に書かれるようになって以来あなたから距離をたもっているのだ。

「かれは誇大妄想狂だ！　かれは気がちがった、絶対にちがった！」。

わたしにはわかっている、小人物よ。あなたがきらいな真理にであうとあなたはすぐそれをきちがいと診断するのだ。そうしてあなた自身は「ホモ・ノルマリス」だと感じている。あなたはきちがいをとじこめ、正常人をしてこの世界を治めさせている。すると、だれが、これらすべての不幸に責任があるのか？　もちろんあなたではない、あなたはあなたの義務をはたすにすぎず、

ドボドボ

自分自身の意見をもたないあなたはいったいなにものなのか？　わたしは知っている。あなたがそれをくりかえす必要はない。それはあなたの知ったことではないのだ、小人物よ。しかしあなたのあたらしく生まれる子どもたちのこと、またあなたがかれらを（正常な）人間としてあなたのイメージにちかづけるためにかれらを苦しめることをおもうと、わたしはふたたびあなたのそばにちかづきたくなり、あなたの犯罪を予防したくなる。しかしわたしは知っている、あなたはあなたの「文部省」という組織によってあなた自身をじゅうぶんにまもるように注意をはらっているということを。

わたしは、あなたを連れてこの世界を散歩したい、小人物よ。そしてあなたにみせてあげたい、あなたがいったいなんであり、あなたがいったいなんであったか、現在と過去において、ウィーンとロンドンとベルリンにおいて、「大衆の意志の運搬者」として、信念の徒として。あなたはいたるところであなた自身をみつけるだろう。そしてあなたはあなた自身を、あなたがフランス人であろうと、ドイツ人であろうとホッテントットであろうと、自分自身をみつめる勇気さえあれば、あなた自身を認めることができるはずだ。

「きけ！　かれはわたしの名誉を傷つける！　かれはわたしの使命をけがす！」。

わたしはそのようなことはしないのだ、小人物よ。もしあなたがあなた自身を見ることができ

ゴボッ
ゴボ

認めることができるということをしめして、わたしのあやまちをただしてくれたなら、わたしはとてもうれしいのだ。あなたは家を建てる請負業者とおなじように証拠を示さなければならない。家はそこになくてはならず、それは住むことが可能でなくてはならない。請負業者は「かれはわたしの名誉を傷つける」とさけぶ権利はもたない、かれがほんとうに家を建てるのではなくて「住宅建設の使命」についてしかしゃべらないということをわたしがかれにわからせたときに。おなじようにして、あなたはあなた自身が人類の未来を背おっているものであることをしめさなければならない。あなたはあなたの「国家の名誉」とか「プロレタリアート」のうしろにひきょうにかくれていることはできない。なぜならあなたはあまりにもおおくのあなた自身をさらけだしてしまったからだ、小人物よ。

くりかえしていっているように、わたしはあなたに別れを告げる。そうするのにはおおくの年月とおおくの眠れない苦しみの夜があった。あなたの全プロレタリアの未来の指導者はそれほど複雑ではない。こんにちかれらはあなたの指導者で、あしたかれらは怪しげな新聞のために内職で記事を書くだろう。かれらは、シャツをかえるように信念をかえる。わたしは、ちがう。わたしは、あなたとあなたの運命について心配しつづける。しかし、あなたはあなたにちかい人を尊敬することができないので、わたしはなんらかの距離をおかなくてはならない。あなたのひ孫はわたしの労働の遺産を受けとるだろう。わたしはかれがわたしのくだものをたのしむのをまつつもりだ、そのようにわたしは三〇年間あなたがそうすることをまってきたのだが。あなたは、そのかわりに、さけびつづける、「資本主義打倒」とか「アメリカ憲法打倒！」。

17

ついておいで、小人物よ、あなたにあなた自身のスナップショットをいくつか見せよう。逃げなさんな。それは醜いが、健康のためになるし、そんなにおそれるほど危険ではない。

約百年まえに機械をつくった物理学者の口まねをして、あなたは魂というものはないといった。するとひとりの大人物があらわれ、あなたにあなたの魂を見せた。ただかれは、あなたの魂と肉体の関係を知らなかった。あなたはいった、「ばかな！ 精神分析だって！ 山師だ！ 小便は分析できるが心は分析できない」。あなたがこういったのは医学においてあなたが小便の分析だけしか知らなかったからだ。あなたの精神にたいするたたかいは約四十年間つづいた。わたしは、このつらいたたかいを知っている。というのは、わたしもまた、あなたのためにそれをたたかったからだ。病気の人間精神から金もうけができるということにある日あなたは気がついた。しなければならないことは、ただ患者をまいにち来させて一時間ずつ何年間も来させて時間ごとに一定の金額を払わせるということだ。

すると、それまではそうでなかったのだが、あなたは精神の存在を信じるようになった。あなたの精神はあなたの生命エネルギーの作用であり、ことばをかえれば、肉体と精神のあいだに統一があるということをわたしはみつけた。わたしはこの線を進み、あなたが元気で愛していると感じるときにあなたの生命エネルギーはひろがり、あなたがおそれているときにそれは体の中心に向かってちぢまるということをわたしはみつけた。一五年のあいだこれらの発見についてあなたは沈黙しつづけた。しかし、わたしはおなじ線をつづけ、この生命エネルギー、それをわたしは「オルゴン」とよんだが、これはまたあなたの肉体のそと、大気中にもみいだせるということがわかった。わたしはそれを暗闇のなかで見るのに成功し、それを拡大したり、それで電燈をつける装置をつくった。あなたがトランプをしたり、妻をいじめたり、子どもをだいなしにしているあいだに、わたしは暗室にすわり、一日何時間も二年間のながきにわたってあなたの生命エネルギーを発見したことを確証した。しだいにわたしは、それをほかの人にしめす方法がわかってきた。そして、かれらもわたしとおなじものを見るということがわかってきた。

もしもあなたが医者で、精神とは内分泌だということを信じるならば、あなたはわたしのところでなおされた患者にたいして、わたしの治療の成功は「暗示」の結果だというだろう。もしあなたが暗闇にたいするおそれと疑問につきまとわれているならば、あなたはいま見たばかりのその現象について、それは暗示によっておこったのであり、ちょうど心霊学の一場面にいるように感じるだろう。あなたはそうなのだ、小人物よ。あなたは「たましい」の存在を一九二〇年に否定したように一九四五年にはそれについて絶望的なほどペラペラとしゃべりまくるのだ。あなたは、あいかわらず小人物のままだ。一九四八年に、あなたはむとんちゃくに、オルゴンでずいぶん金もうけをするだろう、そしておなじくむとんちゃくに、もうひとつの真理を攻撃し、うたがい、汚名をきせ、沈黙によって殲滅してしまうだろう、ちょうどあなたの精神の発見と宇宙エネルギーの発見についてそうだったとおなじように。そしてあなたはいぜんとして「批判的な」小人物としてとどまり、ここで「ばんざい」、あそこで「ばんざい」とさけぶ。地球が静止しないで自転しながら宇宙を動いているという発見にたいして、あなたはなんといったかおぼえていますか？　あなたの答えは、それなら給仕の盆からグラスが落っこってしまうではないか、というばかげた冗談だった。それが二〜三世紀まえのことで、もちろん、あなたは忘れてしまっている、小人物よ。あなたがニュートンについて知っているすべては「かれはリンゴが木から落ちるのを見た」、そしてルソーについて知っていることは、かれが「自然にもどりたがっていた」ということだけだ。あなたがダーウィンからならったことは、ただ「適者生存」ということだけで、あなたが類人猿からはじまったということではなかった。ゲーテのファウストについていえば、あなたはそのようにかってに引用したがるが、ネコが数学を理解するほどにもあなたは理解していない。あなたは、ばかでむなしく、空虚だ、小人物よ。あなたはいつもどのようにして本質をさけ、どのようにしてまちがったものを受けついだらよいか知っている。あなたのナポレオン、金モールだらけのこの小人物についていえば、かれがのこしたものは徴兵制度しかないが、あなたの本屋におおきな金文字でかざられている。しかし、わたしのケプラーはあなたの宇宙的発生を予言したが、どの本屋でもみつけることができない。だからあなたは泥沼から出られないのだ、小人物よ。あなたに宇宙的オルゴン・エネルギーの存在を「示唆する」ために二〇年間働き心配しつづけ財産を犠牲にしたということをあなたが信じるとすれば、わたしはガミガミいわなくてはならないのだ。いいや、小人物よ、これらすべてを犠牲とすることによって、わたしはほんとうにあなたの体の疫病をなおすことを学んだのだ。あなたはそれを信じない。あなたはノルウェーでこんなふうにいっていたではないか、「もしだれでもそれだけの金を実験に使うようだったら、それは文字どおりきちがいさ」。わたしは、このことがわかった。あなたは、自分自身を基準にしている。あなたは取ることだけはできるが、あたえることはできない。だれかがあたえることによって生きるよろこびをもち得るなどということは、あなたには考えおよばないことなのだ。それはちょうど異性といっしょにいても、ただちに「ねること」をおもわないでいられることが、あなたにとっておもいもよらないのとおなじだ。

　あなたがおおきく幸福を盗むのだったらあなたを尊敬できただろう。しかし、あなたはちっぽけなこそどろだ。あなたはかしこいが、精神的に便秘しているので、創造することができない。というわけで、あなたは骨を盗み、穴にもぐってそれをしゃぶるのだ、フロイトがかつてあなたに告げたように。

　あなたは、自発的にあたえる人のまわりにあつまるたのしげな消費者で、かれをしゃぶりつくすのだ。あなたはよくばりなのに、ぎゃくに、あなたはかれをよくばりとよぶ。あなたはかれの知識、かれの幸福、かれの偉大さをむさぼりつくすが、飲みこんだものを消化することができない。あなたはそれをそのまま排泄し、それはひどくにおう。または、泥棒をしたあとであなたの威厳をたもつために、あなたはあたえた人を攻撃し、かれをきちがいとか山師とか子どもの誘惑者とよぶ。

18

おお、とうとうやってきましたね、「子どもの誘惑者」が。おぼえていますか、小人物よ（あなたは当時ある学会の会長だった。そしてあなたはうわさをひろめ、わたしが子どもに性行為を見るようにさせたといった。これはわたしが幼児の生殖器の権利についてさいしょの論文を書いたあとだった。また、ほかのときにあなたはたまたまベルリンでなにか「文化的協会」の臨時総裁だった）。そしてあなたがひろめたうわさというのがわたしが、思春期の少女を自動車に乗せて森に連れて行き、そこで誘惑したというのだ。わたしは思春期の少女を誘惑したことはけっしてない、小人物よ。それはあなたのきたない幻想でわたしではない。わたしは恋人や妻を愛する。あなたは妻を愛することができないので森で少女を誘惑したいとおもうだろうが、わたしはちがう。

そしてあなた、思春期の少女よ、あなたは映画スターのことを夢みているのではありませんか？　あなたはかれの写真とベッドで寝るのではありませんか？　あなたはかれにちかづきかれを誘惑し、一八歳以上のような顔をするのではありませんか？　それで？　あなたは警察に行き、かれの暴行を告発するのではありませんか？　かれは無罪となったり、有罪となったりして、あなた

プクン

のおばあさんたちは偉大な映画スターの手にキスをする。

あなたは映画スターといっしょに寝たいとおもったが、責任をとる勇気がなかった。そこであなたはかれを告発するのだ、あわれな、暴行された少女よ。それともあなたは、あわれな誘われた婦人で、夫よりは運転手とよりおおくの性的快楽を経験した。もうすこし健康な性をもっていた黒人の運転手をあなたが誘惑したのではなかったか、小心の白人女性よ？　きっとあなたはかれを暴行で告発したのではなかったか？　あわれなすくいようのない生物、「劣等種族」の犠牲者よ。いいや、もちろん、あなたは純粋で、白く、あなたの祖先はメイフラワー号に乗って渡ってきて、あなたは「これとかあれとかの革命の娘[19]」であり、北部人であったり南部人であったり、あなたのおじいさんは、アフリカの黒人を鎖でつないでアメリカにひっぱってきて金持ちになったのだ。なんと無害な、なんと純粋な、なんと白く、ほんのちょっぴり黒人をうらやましがっているあなたであることか、あわれな小心の女よ。あなた、みじめなひきょう者よ、病んだ奴隷狩り種族の子孫よ、あなたの先祖の残酷なコルテス[20]は、信頼するアステク族を何千人も誘いだしてまちぶせしうちころすためにわなにかけたのではなかったか。

あなたあわれな、これとかあれとかの革命の娘たち。あなたは解放についてなにをつかんだのか？　アメリカ独立運動の革命家たちの努力はどうだったか。リンカーンはどうだったか。かれはあなたのために奴隷を解放したが、あなたはかれらを「自由競争の市場」へ引き渡してしまったではないか？　鏡をごらんなさい、革命の娘たちよ。あなたはそこに「ロシア革命の娘たち」を認めるだろう。あなた無害な、純潔な少女よ。

　もしあなたがひとりの男に一度でも愛をあたえることができたなら、おおくの黒人、ユダヤ人や労働者たちの命がすくわれたはずだ。あなたがあなたの子どもの生命力をころすように、あなたは黒人において愛をそれとなく感じとり、ころすのだ、あなた軽薄な肉欲のみだらな幻想よ。わたしはあなたを知っている、あなた金持ちの少女や婦人たち、そこなしの下劣さをあなたはあなたの硬直した生殖器で育てていることか！　いいや、あれとかこれとかの革命の娘よ、わたしは法学博士になったりするつもりはぜんぜんない。それは衣や制服を着た硬直した生物にまかせる。わたしは鳥やシカやシマリスがすきでかれらは黒人にちかい。わたしがいうのはジャングルの黒人で、ハーレムの硬いカラーをつけダブダブの背広を着た黒人のことではない。わたしがいうのは、イヤリングをつけ抑圧された快楽がおしりの脂肪になってしまったような太った黒人女のことではない。わたしがいうのは、ほっそりしたやわらかい体をもつ南洋の少女で、あなた、これとかあれとかの軍隊の性的豚が「寝る」女だ。かれらの純粋な愛をあなたがデンバーの売春宿とおなじく受けとめているとは知らない少女たちだ。

いいや、娘よ、あなたがあこがれているくらしは、それが現在、搾取され軽蔑されているということがまだ理解されていないのだ。しかし、あなたの時代はおわりつつある。ドイツの種族的処女としてのあなたの働きはおわった。あなたはロシアの階級的処女とか全世界の革命の娘としてはまだ生きつづけている。五百年または千年たてば、健康な少年少女が愛をたのしみまもり育てるようになって、あなたについてはおかしな記憶だけしかのこらなくなっているだろう。

あなたは、マリアン・アンダーソン[21]、この生命の声にたいして会場を貸すことを拒否したのではなかったか、小心の、ガン性の女よ？　彼女の名前はあなたがあとかたもなくなっても何世紀もうたいつづけるだろう。マリアン・アンダーソンが何世紀もかんがえつづけるかどうか、また彼女もまた、自分の子どもの愛を禁止するかどうかわからない。わたしにはわからないが、生物の踊りにはおおきいステップやちいさいステップがある。それはそれだけで満足している。それはあなたのなかには住んではいない、小心のガン性の女よ。

あなたはおとぎばなしをいいふらし、あなたのちっぽけな男はそれを、釣糸・釣針とウキごと飲みこんでしまって、あなたが「社会」だとおもいこんでいるのだ、小人物よ。ところがちがうのだ。じっさいに、あなたはまいにち、ユダヤ教やキリスト教の新聞に、そのことや、いつあなたの娘が男を抱擁するか発表している。しかし、これはまじめな人間にとってはなんの興味もない。「社会」は、わたしと大工と庭師と教師と医者と工場労働者だ。それが社会で、あなたではないのだ、小心の、ガン性の、硬直した仮面の顔の女よ。あなたは生命ではない。あなたは、それのねじまげだ。しかし、わたしにはわかる、なぜあなたがあなたの裕福な城にひきこもってしまったか。大工や庭師や医者、教師や工場労働者のいやしさと顔をつきあわせていて、あなたにできることはそれ以外になかったのだ。この疫病という枠のなかでは、それがあなたのもっとも賢明なおこないだった。しかし、あなたのちいささといやしさはあなたの骨に、あなたの便秘に、あなたのリュウマチに、あなたの仮面に、あなたの生命の拒否にある。あなたは不幸な、あわれでちっぽけな女で、あなたのむすこは身をほろぼし、あなたの娘は淫売になり、あなたの夫はひからび、あなたの生命はくさり、それとともにあなたの細胞組織もくさる。わたしをごまかすことはできませんよ、革命のちっぽけな娘よ。わたしはあなたの裸を見てしまったのだ。

あなたはひきょうだし、いままでもそうだった。あなたは人類の幸福を両手にもっていたが、それを賭博ですってしまったのだ。あなたは大統領たちを生み、かれらに小心の才能をあたえた。かれらは人びとに勲章をあたえるところを写真にとられたり、永遠にほほえんでみせたりして、ずばりそのものをいえないでいるのだ、革命のちっぽけな娘よ！　あなたは両手に世界をもっていたが、さいごにあなたは広島と長崎に原爆を落とした。つまり、あなたのむすこが落としたのだ。あなたはあなたの墓を落としたのだ、ちっぽけなガン性の女よ。この一発の爆弾で、あなたの階級全部、あなたの種族全部を爆撃し、ものいわぬ墓に永遠にうめてしまったのだ。というのは、あなたは広島と長崎の男たち、女たちや子どもたちに警告するという人間性をもたなかった。あなたは人間であるという偉大さをやりとげることができなかった。この理由により、あなたは沈黙のうちに石のように海のそこふかく消えてゆくのだ。いまあなたがなにを考えたり、いったりするかということは問題ではないのだ、ばかな将軍たちを生みだしたあなた、ちっぽけな女よ。いまから五百年たって、ひとはあなたを驚き笑うだろう。ひとがいまにそうしないということが、すでに世界の悲惨さの本質的部分をなしている。

あなたがなんといおうとしているかわたしにはわかっている、ちっぽけな女よ。すべての形勢はあなたに有利だ、「国家の安全」など。それをわたしはむかしオーストリアできいたことがある。ウィーンの馬車の御者が「カイゼルばんざい」とさけんだのをあなたはきいたことがありますかない？　ではあなた自身に耳をかたむけるだけでじゅうぶんだ、それはあのおなじ音楽だ。ノー、ちっぽけな女よ、わたしはあなたをおそれてはいない。あなたにできることなどなにもない。じっさい、あなたの義理のむすこは地方検事であったり、あなたの甥は税務所員であるかもしれない。あなたはかれをお茶によんで、わたしについてふたことみことをもらす。かれは地方検事や税務所長になりたがっていて、「法と秩序」の犠牲者をさがしている。これらの仕事がどうおこなわれるかわたしは知っている。だがそういった仕事はあなたの首をたすけはしない、ちっぽけな女よ。わたしの真理はあなたよりもつよいのだ。

「かれはいっぽう的な狂信者だ！　わたしが社会においてなんの働きもしていないのですって？」。

わたしはただあなたにあなたがどんなにちっぽけでいやしいかをしめしただけだ。ちっぽけな男と、ちっぽけな女よ。わたしはあなたの有用性と重要性にはふれることさえしなかった。あなたが重要でなかったら、命に危険があるようなはなしをわたしがするとおもっているのですか？この小心さと卑劣さはあなたの重要さと巨大な責任にてらして考えるほどおおきいものになるのだ。人びとはいう、あなたはおろかだと。わたしはいう、あなたはかしこいが、ひきょうなのだと。人びとはいう、あなたは人間社会のくずだと。わたしはいう、あなたがそれの種なのだと。人びとはいう、文化は奴隷が必要なのだと。わたしはいう、奴隷によっていかなる文化もつくり得ないと。このおそるべき二〇世紀は、プラトンいらい展開されてきたあらゆる文化理論をナンセンスなものにした。人間的文化はまだ存在さえしていないのだ、小人物よ！　われわれは、ようやく理解しはじめたところなのだ、動物のおそるべき逸脱であり病理的堕落であるところの人間を。この「小人物へのはなしかけ」やそのほかこんにちの自覚した書物がいまから千年または五千年のちの文化にたいしてもつ関係は、ちょうど何千年まえのさいしょの車輪がこんにちのディーゼル列車にたいしてもつ関係とおなじである。

19

あなたはいつもあまりにも近視眼的すぎる、小人物よ。朝食から昼食までのことしか考えない。あなたは世紀の単位でうしろをふりかえり、何千年の単位で前向きに考えることを学ばなければならない。あなたが学ばねばならないのは生きている生命のことばでかんがえること、さいしょの一片の原形質から、立って歩いたが、まだまともに考えることができない動物的人間へあなたが発展してきた、ということばで考えることを学ばねばならない。あなたは十年や二十年まえにおこったできごとの記憶ももたず、だからあなたが二千年まえにいったとおなじおろかさをくりかえしつづけている。さらに、あなたが「民族」「階級」「国家」とか、愛を宗教的に強制したり抑圧したりするというおろかな行為にかじりついているのは、ちょうど、ノミが毛皮にかじりついているようなものだ。あなたがどれほどふかくあなたの不幸の泥沼にはまりこんでいるか、あ

カラン
カラン

なたは見ようとさえもしない。ときどき、あなたは泥沼から頭をあげてさけぶ、ばんざい！　沼で鳴いている蛙のほうが生命にちかいのだ。

「なぜあなたはわたしを泥沼から引っぱりだしてくれないのか？　なぜあなたはわたしの党会議、わたしの議会、わたしの外交会議に出席しないのか？　あなたは裏切りものだ！　あなたはわたしのためにたたかい、苦しみ、犠牲をはらった。いまあなたはわたしを侮辱する！」。

わたしは、あなたをあなたの泥沼から引っぱりだすことはできない。それをできるのはあなた自身だけだ。わたしはけっしてあなたの会議に出席したりはしない。というのは、そこではいつも「本質なんかくそくらえだ！」とか「非本質的なことについてしゃべろう」というさけび声があるからだ。じっさい、二五年のあいだわたしは、あなたのためにたたかってきた。わたしの職業上の安定と家庭のあたたかさをあなたのために犠牲にした。わたしはあなたの組織にかなりの金を寄付し、あなたの行進やデモに参加した。じっさい、わたしは医者として、なんの報酬もなしに、あなたに何千時間も費してきた。わたしはあなたのために国から国へと、ときにはあなたの身がわりとなって、さまよったのだ、あなたがアイアー、アララー！　とさけんでのどをからしていたときに。わたしは文字どおりあなたのために死ぬつもりだった、政治的疫病にたいしてのたたかいで、あなたをわたしの自動車に乗せて、わたしの首に死刑が科せられていたときに。

またデモのさいちゅうに警察が襲ってきたとき、あなたの子どもをまもろうとしたとき。またあなたがカウンセリングやたすけを得ることができるように精神衛生クリニックを建設しようとしてわたしのあり金を全部はたいたときに。しかし、あなたはわたしから取るだけで、なにもかえしてはくれなかった。あなたはただたすけられることだけをのぞみ、おそろしい感情的疫病の三〇年のあいだあなたはひとつとして実りのある考えをしたことはなかった。そして第二次世界大戦がおわって、それがはじまるまえとおなじところにあなた自身がいることに気がついた。たぶん「右」というよりは「左」へいくらか寄っていたかもしれないが、一ミリも、**まえへは行ってはいなかった!** あなたは偉大なフランスの解放を賭けてすってしまい、さらに偉大な解放をあなたは発展させて世界の恐怖とさえしたのだ。このおそるべきあなたの失敗、それはただ偉大で孤独な心だけが怒らずに、またあなたを嫌悪せずに理解できるものなのだが、それは全世界、すなわちあらゆるものをあなたのために犠牲にする用意ができていた世界の部分の絶望をひきおこした。すべてのおそるべき年月、血まみれの半世紀のあいだ、あなたはきまり文句を口にするだけでたったひとことの傷をいやす、分別のあることばもいわなかった。

　わたしはあきらめなかった。というのは、かれこれするうちにわたしはあなたの病気をよりよく、もっとふかく理解することを学んでいたから。わたしにはわかっていた、あなたは、それ以外に考えたり行動したりすることはできなかった。わたしは生きることにたいする死ぬほどのおそれをあなたのなかにみとめた。それはいつもあなたをただしく出発させるが、まちがっておわらせるおそれだ。知識が希望にみちびくということをあなたは理解しない。あなたはただ希望をあなた自身のなかにポンプのように注入するが、あなた自身のそとへはださない。だから、あなたの世界の完全な破滅をまえにして、あなたはわたしを「楽観論者」とよぶのだ、小人物よ。そうだ、わたしは楽観的で未来をもっている。なぜ、とあなたはきくのか？　おしえてあげよう。

わたしがあなたにすがりついているかぎり、あなたがそうであったし、いまもそうであるのとおなじく、わたしはくりかえしくりかえしあなたの狭量によって顔をなぐられた。わたしがあなたをたすけたときに、あなたがわたしになにをしたかということを、わたしは何千回も忘れ、また何千回もあなたはわたしにあなたの病気をおもいおこさせた。ついにわたしはほんとうにわたしの目を開き、あなたの顔をまともに見るようになった。さいしょは、わたしは軽蔑と憎悪がこみあげてくるのを感じた。しかし、だんだんにわたしはあなたの病気についての理解がわたしの憎悪と軽蔑にたいして効果をもつようにすることを学んだ。あなたが世界の主人になろうとしたさいしょの試みにおけるあなたのゆううつな失敗にたいしても、わたしはもう怒らなかった。わたしにはわかってきた。これが必然的におこらなければならないことだったのだ。なぜなら何千

年も、あなたはしかるべき生命を生きることをさまたげられてきたからだ。

わたしは生きることの機能的法則を発見したのだ、小人物よ、あなたが「あいつはきちがいだ！」とさけんでまわっていたときに。そのときにあなたは、たまたま小心な精神医で青年運動の過去と心臓病の未来をもち、インポテンツであった。のちに、あなたは心臓が破裂して死んだ。というのは、罰を受けずに盗むことはできないし、生命の危険をおかさずにだれかをはずかしめることはできないのだ。もしひとにひとかけらの正直さでもあるかぎりは。そしてあなたはそれを魂の片隅にもっていたのだ、小人物よ。あなたが友だちから敵になったときに、わたしはおわりだとあなたは考えた。そしてあなたは、わたしにさいごの一蹴をあたえた。あなたは、わたしがただしいのにあなたがついてこられないことを知っていたからだ。何年かのちに、わたしが、帰ってきたジョニー〔22〕のように帰ってきたとき、こんどはまえよりつよく、もっと明せきに、もっと決心がつよくなっていたが、あなたは死ぬほど驚いた。そして死ぬまえに、わたしがふかいひろいさけ目を、ちょうどあなたがわたしをほろぼそうとして掘ったどぶのように飛びこえてしまったことに気がついた。あなたは、あなたの注意ぶかい組織でわたしのおしえをあなたのものとして発表したのではなかったか？　おしえてあげよう。組織の正直な人びとは、このことを知っていた。わたしがそれを知っているのはかれらがわたしにそういったからだ。ノー、小人物よ、策略はひとをただ若死にみちびくだけだ。

そしてあなたは、生命にとって危険であり、あなたのちかくにいたらうしろから刺されずに、また顔に泥を投げつけられずに真理をたもつことができないので、わたしのほうから別れたのだ。わたしはくりかえす。あなたの未来からではなくて、あなたの現在から別れたのだ。あなたの人間性からではなくて、あなたの非人間性と卑劣さから別れたのだ。

生きている生命にだけ、わたしはいかなる犠牲をもはらう用意があるが、もはやあなたのためではない、小人物よ。ほんのさいきんになってわたしにわかったことだが、わたしは二五年間も巨大なあやまちをおかしつづけてきた。すなわち、あなたとあなたの生命にたいしてわたし自身をささげていた。それは、わたしはあなたが生きていて率直であり、未来であり希望であると信じていたからだ。わたしのように、ほかのおおくの率直で真実な人びとがあなたのなかに生命をみつけるだろうとおもっていた。かれらはひとりのこらずほろびた。このことを発見したので、わたしはあなたの狭量と卑劣のもとにほろびないことにきめた。わたしにはしなければならない重要なことがあるからだ。わたしは生きることを発見した、小人物よ。わたしは、もはやわたし自身のなかに感じ、あなたのなかにさがしもとめた生命とあなたとを混同しなくなった。

生きることと、それの機能と特色をあなたの生きかたからはっきりとするどく区別するときにはじめてわたしは、生きることとあなたの未来の安全性にたいしてほんとうの貢献をすることができるだろう。あなたを否定するには勇気がいることを知っている。しかし、わたしは未来のために働きつづける。なぜならば、わたしはあなたをあわれまないからであり、わたしはあなたのみじめな指導者たちとはちがって、重要な小人物になりたいという衝動はもっていないからだ。

　ちかごろになって、生きることが虐待されるとそれは反抗しはじめるようになった。これはあなたの偉大な未来の偉大なはじまりであり、すべての小人物のすべてのいやしさにとっておそるべきおわりである。というのは、あれこれするうちに、われわれは感情的な疫病がどのように働くかということがわかってきたからだ。それは、それがポーランドを攻撃するときめたとたんにポーランドの軍事的侵略の意図を非難した。それがかれをころそうときめたときに殺人の意図の復活を攻撃した。それは、なにかわいせつな悪事がたくらまれたそのとたんに性的貪欲さの健康な生活を非難した。

　あなたの本心は暴露されているよ、小人物よ。あわれな同情をひくようなあなたのみせかけのうしろは見られてしまっている。ひとは、あなたが世界の進路をあなたの仕事とあなたの業績できめることをのぞんでいる。ひとは、あなたがひとりの暴君をより悪質な暴君で置きかえることをのぞまない。ひとは、あなたが他人に要求するままの生活の規則をあなた自身にもよりきびし

ピチ

くあてはめることを要求しはじめる。ひとは、だんだんとあなたのうわさばなしの傾向、あなたの欲、あなたの無責任、つまりこの美しい世界を悪臭でみたすあなたの全般的な病気について、だんだんよくわかってくる。あなたがこれをきくのを好まないことはわかっている。あなたは、ばんざいとさけぶほうがすきだ、あなた、未来のプロレタリア、または第四帝国をになう者よ。しかし、わたしはあなたはむかしほどには成功しないと信じている。われわれは何千年ものあいだのあなたの秘密にたいするカギをみつけた。あなたは社交性と親切の仮面のうしろで残酷なのだ、小人物よ。あなたは、半日といえどもうそをつかずにはわたしといっしょにすごせない。あなたは信じないのか？　あなたの記憶をよびおこしてあげよう。

20

あなたは、すばらしい午後をおぼえているでしょう。そのとき、きこりとしてあなたはわたしの小屋にきて仕事をもとめていた。わたしの小犬があなたのにおいをかいで、よろこんであなたにとびかかった。あなたはその犬がすばらしい猟犬の小犬だということを知った。あなたはいった。「なぜ犬をつないでおかないのですか、そうしたらあらあらしくなるのに？　この犬はなれなれしすぎる」。わたしはいった、「わたしはその犬が鎖につながれたあらあらしい犬であることをのぞまない。わたしはあらあらしい犬はすきではない」。わたしの親愛な小心のきこりよ、わたしはあなたがもっているよりもはるかにおおくの敵をこの世のなかにもっているが、それでもだれとでも仲良くするやさしい犬のほうがすきなのだ。

あなたはおぼえていますか、あの雨の降る日曜日、あなたの生物学的硬直についてわたしがおもい悩んで研究室から墓場へ行ったときのことを？　わたしはテーブルについてウィスキーを飲んだ（いいや、小人物よ、わたしは酒飲みではない、ときには一杯やることがすきであっても）。とにかく、わたしはハイボールを飲んでいた。あなたはちょうど海外から帰ってきたところで、あなたはいささか酔っていて、あなたが日本人を「醜い猿」とよんでいるのがきこえた。そしてあなたはそれをいうときにれいの表情をしながらいっていたが、それはわたしの診療の経験からひじょうによくわかるものだった。「西海岸のジャップをどうしたらいいか知っているかい？　やつらは全部しばり首になるべきだが、すぐにではなく、ゆっくり、とてもゆっくりと、五分間ごとに縄がひとつずつねじれるように、とてもゆっくりと、ちょうどこういったぐあいに……」。そしてあなたはあなたの手でその動作をした、小人物よ。ウェイターは賛成するようにうなずき、あなたの英雄的男性らしさを尊敬した。あなたはいままでに生まれたばかりの日本人の赤ん坊をだきあげたことがありますか、小心の愛国者よ？　ないでしょう？　これから何世紀もあなたは日本人のスパイ、アメリカ人の飛行士、ロシア人の農夫、ドイツ人の士官、イギリス人の無政府主義者、ギリシャ人の共産主義者をつるしつづけるだろう。あなたはかれらを撃ち、電気椅子に乗せたり、ガス室に送りこむだろう。しかし、いくらそれをやってもあなたの腸やあなたの精神の便秘、あなたの愛の不能、あなたのリュウマチやあなたの精神病は変わらないだろう。人を撃ったりしばり首にしてもあなたは泥沼から出られない。自分自身をごらんなさい、小人物よ。それだけがあなたの希望なのだ。

　あなたはおぼえていますか、小心の女よ、あなたがわたしの研究室にすわり、あなたから別れた男にたいする憎しみであふれていたあの日のことを？　何年ものあいだあなたはかれをあなたのいいなりにしてきた、あなたの母親とあなたの叔母たちと姪たちと従姉妹たちといっしょになって。そしてかれはあなたとあなたの親類すべてのめんどうをみなければならないのでしなびきってしまった。ついにかれは、がまんがならなくなり、かれの生きている感じをたもつためのさいごの努力をした。そしてかれはあなたからかれの内部の自由を獲得するほどつよくはなかったので、わたしのところへやってきた。かれはよろこんで別居手当として、かれの収入の四分の三を、法律にしたがって、かれの自由の愛にたいする罰金として払うといった。かれは偉大な芸術家で、芸術もほんとうの科学とおなじく足かせをがまんできないものであるからだ。しかし、あなたがのぞんでいたことは、あなたがにがにがしく憎んでいた男によって、あなたは自分の職業があったにもかかわらず、めんどうをみられたいということだった。あなたはわたしがかれをたすけて不当な義務から解放するだろうということを知っていた。あなたは怒った。あなたは警察とともにわたしを脅迫し、あなたはいった。わたしがかれの金を全部、かれがたすけられたいとおもっているのを利用して、まきあげようとしている。ことばをかえれば、あなたはあなたの悪い本心をわたしのドアのまえに置いたのだった、あわれな小心の女よ。しかもあなたは、あなたの職業において上達しようともおもわなかった。というのは、それは何年ものあいだあなたがきらっていた男から独立するということを意味していたからだ。こんなふうなやりかたであたらしい世界をつくることができるとあなたは信じているのですか？　あなたは「わたしのすべてを知っている」社会主義者たちを知っているといった。あなたはひとつの典型であなたのようなひとが何百万人もいて、この世界をほろぼすということがわからないのですか？　あなたは「よわく」「孤独で」「あなたの母親のエプロンにしばりつけられ」「すくいようがない」ということを、わたしは知っているし、あなた自身あなたの憎悪をきらっていて、あなたは自分自身にがまんができず絶望的になっているということも知っている。だからあなたはあなたの夫の生活を破滅させたのだ、小心の女よ。そしてあなたは、こんにち全般的にそうであるような生活の流れをおよいでいる。わたしはまた知っている、あなたが判事や地方検事を味方につけているということを。なぜなら、かれらはあなたの不幸にたいしてなんの答えももたないからだ。わたしはいまでもあなたを見ることができる、連邦裁判所事務所のちいさな女秘書よ。あなたは、わたしの過去と現在、所有とロシアと民主主義についてのわたしの意見を記入した。わたしは、わたしの社会的地位をたずねられた。わたしは三つの学会の名誉会員であり、そのひとつは、国際プラズモゲニー学会[23]だった。これは印象的であったようだ。つぎのときに、ひとりの役人がわたしにいった。「なにか変なところがありますか。あなたは国際ポリガミー[24]学会の名誉会員だというがそれはほんとうですか？」。そしてわれわれふたりはあなたのちいさなまちがいについて大笑いしたのだ、小心の幻想的な女よ。なぜ人びとがわたしについていまわしいことをいうかこれでわかりましたか？あなたの幻想のゆえであり、わたしの生きかたのゆえではないのだ。ルソーについてあなたが覚えていることといったら、かれは「自然にかえり」たがっていたことと、かれは自分の子どものめんどうをみずに孤児院へいれてしまったということだけではないのか？　あなたは悪意だ、なぜならあなたは醜いことだけを見たりきいたりし、美しいことは見たりきいたりしようとしない。

21

「きいてください！　かれは朝の一時に窓の日除けをおろしていました。いったいなにをしていたとおもいますか？　おまけに日中はかれの日除けはいつもあいているのです。なにかおかしいじゃありませんか！」。

真理に反対しようとしてそのような方法をとっても、もはやなんのたすけにもならないだろう。われわれにはわかっているのだ。あなたはわたしの日除けに興味があるのではなく、あなたはわたしの真理をじゃますることに興味があるのだ。あなたは密告者であり、名誉毀損をすることをつづけたがっている。あなたの隣人が親切だったり、自由だったり、勤勉だったり、またあなたになんの注意もはらわないというようなことで、かれの生きかたが気にくわないときにあなたはなにも知らないかれを牢屋にいれたがっている。あなたはとても好奇心がつよいのだ、小人物よ。あなたはのぞきまわり、悪口をいう。あなたは警察が密告者の氏名をあきらかにしないということによってまもられているのではないですか。

「きいてください、納税者たちよ！　ここにひとりの哲学教授がいる。われわれの町のおおきな大学が若者たちをおしえるためにかれを雇いたがっている。かれをやっつけろ！」。

そしてあなたの筋をとおしたがる主婦と納税者は、かれが真理をおしえることに反対する請願書を書き、かれは地位を得ることができない。あなた、筋をとおすことがすきで税金を払っている主婦、名誉ある愛国者たちの生みの親は、四千年の自然哲学よりもつよかった。しかしひとはあなたをわかりはじめた。そしておそかれはやかれあなたは崩れるだろう。

「きいてください、公共道徳に関心あるすべての人たちよ！　街角にひとりの母親と娘が住んでいる。そして娘は夕方に男友だちを受けいれている！　売春宿を経営したかどで彼女を訴えろ！警察！　われわれの道徳はまもられねばならない！」。

そしてこの母親は罰せられる、なぜならば、あなた、小人物が、他人のベッドをのぞきまわるからだ。あなたはいつもあまりにもあきらかに自分自身をあらわしてきた。われわれにはわかっている、「道徳秩序」にたいするあなたの動機が。あなたはあらゆるウェイトレスのお尻をつねろうとするのではないか、道徳的な小人物よ？　そうだ、われわれはわれわれのむすこや娘があけっぴろげの恋で幸福であることをのぞみ、ひそかにくらい横丁や、くらい裏口などで恋をしなくてもすむことをのぞんでいるのだ。自分たちの思春期の息子や娘の愛を理解し、まもっている勇気と気品のある父や母をわれわれは尊敬したいとおもう。これらの父母たちが種となって未来

のあたらしい世代が生まれるのだ。健康な体と健康な感覚をもち、二〇世紀のインポテンツな小人物のけがらわしい幻想のあとかたもないような世代の。

「さいきん来たやつにきいてごらん！　ある青年が治療をうけにそこへいったら、パンツを脱がされて逃げて帰ってきた。つまりそいつはホモでかれをおかそうとしたからだ」。

小人物よ、あなたはこの「実話」をはなしながら、みだらなよだれをたらしているのではないか？　そのはなしは、あなたのうんこの山にはえた、あなたの便秘とあなたの好色から育ったということを知っていますか？　わたしはあなたとはちがって、同性にあこがれたことなどなかった。わたしはあなたとちがって幼女を誘惑しようなどとおもったことはなかった。わたしはあなたとちがって、女をおかしたことはない。わたしはあなたとちがって、便秘に悩んだことはない。わたしはあなたとちがって愛を盗んだことはなく、わたしが欲し、わたしが欲せられたときだけ女をだいた。わたしはあなたとちがって、公衆のまえで露出したことはなかった。わたしは、あなたとちがってけがらわしい幻想などもたないのだ、小人物よ。

「これをきいてくれ。かれは、秘書をけがしたので彼女は家から逃げださなくてはならなかった。かれは彼女といっしょに一軒の家に住んで、ブラインドをおろしきりにし、朝の三時まで電気をつけっぱなしにしていた！」。

そして、かれは放蕩家でパイでのどをつまらしたと、あなたはド・ラ・メトリーについていった。そして、かれは身分のちがう女と結婚していると、あなたはルドルフ殿下についていった。そしてエレナー・ルーズベルト夫人[25]もどうもあやしいと、あなたはいった。そしてX大学の総長は妻がほかの男といっしょにいるところを捕まえた。そして、ここやあそこの村の小学校の先生は恋人をもっているそうだ。あなたはこれらのことをいったのではないか、小人物よ？　この世のみじめな市民であるあなた、何千年もこんなふうにして自分の生命を賭けてすってしまい、このようにして泥沼にはまりこんだままでいる！

「あいつを捕まえろ！　あいつはドイツのスパイだ、あるいはロシアかもしれない、それともアイスランドかも！　あいつは午後三時にニューヨークの八六番街にいて、女もいっしょだった！」。

知っていますか、小人物よ、南京虫が北極光のもとでどのように見えるか？　知らない？　そうとはおもわなかった。いつか人間が南京虫になることをつよく取締まる法律ができるだろう、真理と愛をまもるためのきびしい法律が。ちょうどこんにち恋をする青少年を少年院へいれるように、いつかはあなたが品位ある人びとの顔に泥を投げつけたとき、あなたは施設にいれられるだろう。ちがった種類の判事や検事たちが現われて、形式的ないんちきな正義を施行するのでなくて、ほんとうの正義と親切をおこなうことになるだろう。あなたがそれをどんなにきらっても、あなたがそれにしたがわなければならない生命をまもるためのきびしい法律がおこなわれるだろう。三または五または一〇世紀のあいだ、あなたは名誉毀損と、謀略と、取引きと審問の感情的疫病の運搬者でありつづけるだろう。しかし、さいごにはあなたはあなた自身の清潔さの感じに服することになるだろうが、いまはそれは手がとどかないほどあなたのふかいところにうずめられている。

わたしはあなたに告げよう。いかなるカイザー、いかなるツァー、いかなる全プロレタリアの父といえどもあなたを征服することはできなかった。かれらはただあなたを奴隷化することはできたが、だれひとりとしてあなたからあなたの卑小さを取ることはできなかった。あなたを征服するはずのものは、あなたの清潔さの感覚、あなたの生命にたいするあこがれだ。それについてうたがいはないのだ、小人物よ。あなたのちいささといやしさを清められて、あなたは考えはじめることになるだろう。たしかに、この考えることは、さいしょは、あわれで、まちがいだらけで目標がないだろう。しかし、あなたは本気で考えることをはじめるのだ。あなたは、あなたの考えがもたらす苦しみにたえることを学ばなくてはならないだろう。ちょうど、わたしやほかのひとたちが、あなたについて考えることの苦しみをたえねばならなかったように、何年間も、だまって、歯をくいしばって。このわたしたちの苦しみが、あなたを考えさせるだろう。いちどあなたが考えはじめれば、あなたは過去四千年の「文明」に驚くことをやめないだろう。あなたの新聞が書くことといえば、パレード、デコレーション、撃ちあい、絞死刑、外交、ペテン、動員、復員とまた動員、条約、訓練と爆撃ばかりなのに、あなたは顔を赤らめさえもしなかった、ということがなぜできたのか、あなたは理解に苦しむだろう。あなたがそれらすべてをただヒツジのような忍耐でもって食べてしまうだけだったならば、あなたはあなた自身を理解できたかもしれない。しかし、あなたがながいことがまんできないのはこういう事実だ。すなわち何世紀もあなたはこれらのすべてをサルやオームのようにまねしつづけ、それについてのただしい考えはすべてまちがっているとあなたがおもいつづけ、それについてのあなたのまちがった考えが愛国的だとおもいつづけてきたことだ。あなたはあなたの歴史を恥じるだろう。そしてこれだけが、われわれのひ孫たちがあなたの軍事的歴史を読まないで済ますことができそうな唯一の希望なのだ。もはや「ピョートル大帝」へもどるだけで、偉大な革命をあなたがくりひろげることができるような可能性はないだろう。

22

未来をひとめ見てみよう。あなたの未来がどんなものになるか、わたしはいうことができない。わたしが発見した宇宙的オルゴンで月や火星へ行くことができるようになるかどうかわからない。あなたの宇宙船がどのように飛んだり着陸するかわたしは知らないし、あなたが太陽を使って夜間照明をするかどうかもわからない。しかし五百年または一千年または五千年のちに、あなたがもはやなにをしなくなるだろうかということはわたしがいうことができる。

「予言者をきけ！　かれはわたしがなにをしなくなるか言うことができるそうだ！　かれは独裁者か？」。

わたしは独裁者ではない、小人物よ。だがあなたの卑小さは、もしやろうとすればわたしを容易に独裁者にしたことだろう。あなたの独裁者があなたに告げることができるのは、毒ガス室に送られずに現在あなたがなにをしないでいられるかというだけだ。しかもかれらは、あなたがとおい将来なにをするようになるか告げることはできない。それは、かれらが木をよりはやく成長させることができないのとおなじだ。

「あなたはどこで自分の知恵を手にいれたのか、革命的プロレタリアートの知的奉仕者よ?」。

あなた自身のおくそこからだよ、人間理性の永遠のプロレタリアよ。

「なんということだ！　あいつは、わたしの奥底からあいつの知恵を手にいれる！　わたしに奥底なんかない。それになんという個人主義的なことばだろう、『奥底』とは！」。

ところがそうなのだ、小人物よ。あなたは、あなた自身のなかに奥底がある。ただ知らないだけなのだ。あなたは、あなたの奥底を死ぬほどおそれている。だからあなたはそれを感じたり見たりしないのだ。だからあなたは、奥底を見るとちょうど崖の淵に立ったようにめまいがし、よろめくのだ。あなたはなるようになるべきときに、おちこんであなたの「個性」をうしなうことをおそれているのだ。あなた自身に到達しようというたいへん結構な目的でもって、あなたはいつもおなじ場所につくのだ。すなわち小心な、残酷な、しっとぶかい、欲ふかい、泥棒のような男に。もしあなたの奥底がふかいものでなかったならば、小人物よ、わたしはあなたにたいするこのはなしかけを書かなかっただろう。わたしはあなたのこの奥底を知っている。というのは、あなたが心配をもって医者としてのわたしのところへきたときにそれをみつけたのだ。

あなたのこの奥底こそあなたの偉大な未来だ。だから、あなたが未来においてなにをしなくなるだろうかわたしはいうことができる、四千年の非文化的な時代において、あなたがやったようなことがなぜできたのか、そのときになったら、あなたは理解に苦しむにちがいない。それをいまききたいですか？

「よろしい。ちょっとしたユートピアのはなしをきこうではないか？　なにも手のうちようはないとおもいますがね、わたしの善良なお医者さん。わたしは市井の小人物で、自分自身の意見などもっていないし、これからさきもこのままだろう。いったいぜんたいわたしが……」。

ききなさい。あなたは小人物という伝説の影にかくれているが、それはあなたが生命の流れによってさらわれおよがねばならぬことをおそれているのだ。ほかに理由がないとしたら、あなたの子どもとそのまた子どものために。

あなたがしなくなるまずさいしょのことは、あなたが自分自身の考えをもたずに「いったいこのわたしが……」というような小人物であるという感じをもたなくなることだ。あなたはあなた自身の意見をもっている。そして、未来においてあなたは、それを知らないでそれを主張しないでそれを表現しないことをおおきな恥だと考えるようになるだろう。

「だがわたしの個人的意見にたいして世論はなんというだろう？　もしわたしの個人的意見を発表したら、わたしは虫けらのように押しつぶされてしまうだろう！」。

あなたが「世論」とよんでいるものは、小人物よ、すべての小人物たちの意見の総和である。

すべての気のよわい男女は、ただしい意見とまちがった意見をもっている。まちがった意見をもつというのは、かれらがほかの気のよわい男女のまちがった意見を気にするからだ。だからただしい意見があらわれてこないのだ。たとえばあなたは、あなた自身が「ものの数ではない」とは信じなくなるだろう。あなたこそが人間社会をになうものだという、あなたの知識を知り主張するようになるだろう。逃げなさんな。そんなにこわがりなさんな。人間社会の責任あるにない手であることは、そんなにおそろしいことではない。

「人間社会のにない手であるためにわたしは、なにをしなければならないのか?」。

あなたは、なにも特別なことやあたらしいことはしなくてよろしい。あなたがしなければならないことは、ただあなたがやっていることをつづけるだけだ。あなたの畑をたがやし、あなたのハンマーをふるい、あなたの患者を診察し、子どもを学校や遊び場につれていき、まいにちのことを報告し、自然の神秘によりふかくしみこむことだ。これらすべてのことはあなたがすでにやっている。しかし、あなたはこれらすべてが重要だとはおもわない。そして重要なことというのはただデコラトス元帥やインフラトス殿下やきらめくよろいの騎士たちがやっていることだとおもっている。

「そういってもあなたは夢想者です、ドクター! デコラトス元帥やインフラトス殿下は戦争のための軍隊と武器をもち、わたしを兵役にかりだし、わたしの畑、わたしの実験室やわたしの書斎をこなごなにうちこわしてしまうのだということが、あなたにはわからないのですか?」。

あなたが兵役にかりだされ、あなたの畑とあなたの工場がこなごなにうちこわされる、というのは、あなたが徴兵され、あなたの工場がこなごなに破壊されるときにあなたがばんざいとさけぶからだ。インフラトス殿下や、きらめくよろいの騎士は、軍隊も武器ももてなかったはずだ、もしあなたがはっきりと、畑は小麦をうみだすためにあり、工場は靴をつくるためにあるのであって、武器のためではなく、畑や工場は破壊されるために存在するのではないということをはっきり知っていて、この真理のためにたちあがっていたならば。これらすべてのことを、あなたのデコラトス元帥やインフラトス殿下は知らないのだ。というのは、かれら自身は畑や工場や実験室で働いたことがなかったからだ。かれらの信念では、あなたの仕事はドイツ人やプロレタリアの祖国の名誉のためになされるのであって、あなたの子どもたちを食べさせたり着せたりするためではない。

「それではわたしはどうしたらいいのか? わたしは戦争はきらいだ。妻はわたしが徴兵されるときにさめざめと泣き、わたしの子どもたちはプロレタリア軍隊がわたしの土地を占領したとき飢え、死体が何百万と積みあげられる。わたしがやりたいのは畑で働くこと、仕事のあとで子どもと遊び、妻を愛し、日曜日には音楽と踊りと歌うことだけだ。わたしになにができるというのか？」。

あなたがしなければならないことは、ただあなたがいつもやってきたことといつもやりたかったことをつづけるだけだ。すなわちあなたの仕事をして、あなたの子どもを幸福に育て、あなたの妻を愛することだ。**もしあなたがはっきりとひるまずにこのことをしたならば戦争はなかったはずで、**あなたの妻は全プロレタリアの祖国の性的に飢えた兵士の犠牲にならずにすみ、あなたの孤児たちは町で飢えずにすみ、あなたはむなしいまなざしで空のかなたの「栄光の畑」をみつめなくてもすんだのだ。

「だがしかし、もしわたしがわたしの仕事とわたしの妻とわたしの子どものために生きようとして、そのときに蒙古人やドイツ人や日本人やロシア人やそのほかの軍隊が戦争をしかけたらどうしたらいいのか？　わたしは自分の家をまもらなくてもいいのか？」。

そのとおりです、小人物よ。ここかあそこの野蛮人たちがあなたを攻撃したなら、あなたは自分の銃をとらなくてはならない。しかし、あなたにわかっていないことは、各国の「野蛮人たち」というのは、仕事をしないインフラトス殿下が軍隊をよびあつめたときに、ばんざいとさけびつづける何百万という小人物のあつまりにすぎないということだ。そしてかれらは、あなたと

おなじく、自分はものの数ではないと信じ、「いったいぜんたいわたしに意見など……」といっているひとたちなのだ。

ひとたびあなた自身がだれかであり、あなたが自分のただしい意見をもち、あなたの畑とあなたの工場はいのちにつかえるためで死のためにあるのではないということを知れば、そのときあなたは、あなたの質問に自分で答えられるだろう。あなたは、そのために外交官を必要としなくなるだろう。ばんざいとさけびつづけ、「無名戦士」の墓をかざりつづけるかわりに、あなたのインフラトス殿下や全プロレタリアの元帥をしてあなたの国民的意識を踏みつけさせるかわりに、あなたは自信と仕事の意識をもってかれらに反対するだろう（わたしはあなたの「無名戦士」をよく知っている、小人物よ。わたしがイタリアの山のなかでたたかったときにかれとよく知りあった。かれはあなたとおなじ小人物で自分自身の意見などないとおもい、「いったいぜんたいわたしに……」といっていた）。あなたはあなたの兄弟たちを知ることができるはずだ、日本や、中国や、そのほかの野蛮国における小人物たちを、そして労働者として、医者として、農夫として、父または夫としてのあなたのただしい意見を知らせることができるはずだ。そしてついには、ただ自分自身の仕事と自分自身の愛に密着することで、いかなる戦争も不可能にさせることができる、ということをかれに納得させられるはずだ。

「けっこうなことですね。だがいまや原爆というものがあり、一発でもって何十万人の人間をころすことができる！」。

あなたはいまだにまともに考えようとしないのだ、小人物よ。インフラトス殿下、きらめくよろいの騎士があなたの原爆をつくったと信じているのですか？　ちがう、それはまたしても小人物たちが原爆をやめさせるかわりに、ばんざいとさけぶからなのだ。わかりますか、いつもおなじところに、あなた自身に、あなた自身の考えかたに、正誤はともかくとして、そこへもどってくるのだ、小人物よ。もしあなたが顕微鏡で見なければならないほどの小人物でなかったならば、あなた二〇世紀の最大の科学者よ、あなたは国家的意識のかわりに世界的意識を発展させていただろうし、原爆がこの世界をこわすことを予防する方法をみつけていたはずだ。またはそれが不可能であったとしても、あなたはあなたの影響力を行使して、明快なことばでもって、それが働かないようにしただろう。あなたは、あなた自身の発明の迷路をぐるぐるまわり、あやまった方向を見てあやまった考えかたをしているから出口をみつけることができないでいる。しかもあなたはすべての小人物たちに約束した、あなたの原子力がかれらのガンやリュウマチをなおすようになるだろうと。しかもあなたは、これは絶対に不可能だと知りながら、またあなたがつくったのは殺人兵器以外のなにものでもないということを知りながら。そのことで、あなたはまたもやあなたの物理学が到達したのとおなじ袋小路に到達したのだ。あなたはおしまいだ、永遠に。知っているでしょう、小人物よ。わたしはあなたにわたしの宇宙線エネルギーの治療における可能性について提案した。しかし、あなたはそれについて沈黙しつづけ、ガンや心臓病で死につづけ、死にながら、あなたはいまだに「ばんざい、文明と技術よ！」とさけんでいる。だがわたしはあなたにいおう、小人物よ。あなたは知りながら自分自身の墓を掘っているのだと。あなたはあたらしい時代が、「原子力時代」がはじまったと信じている。それははじまっているのだ。しかし、あなたがおもうようにではない。あなたの煉獄においてではなく、アメリカの片隅の勤勉なしずかなわたしの実験室において。

それはまったくあなた次第なのだ、小人物よ、あなたが戦争に行くとか行かないとかいうことは。あなたが生命のために働いているのであって、死のために働いているのではないということを知ってさえいたら。この地上のすべての小人物は、良い点においても悪い点においても、あなた自身とそっくりなのだということをあなたが知ってさえいたら。

おそかれはやかれ――それはすべてあなた次第なのだが――あなたは、ばんざいとさけばなくなるだろう。そして、あなたの麦を踏みにじるために畑で働いたり、大砲の目標となるために工場で働いたりしなくなるだろう。おそかれはやかれ、あなたは死のために働かなくなり、生命のためにだけ働くようになるだろう。

「ゼネストをするべきか?」。

あなたがそれをするべきか、あるいはそうでないことをするべきか、わたしは知らない。あなたのゼネストは悪い方法だ。なぜならば、それをしたらあなたはあなた自身の女、子どもを餓死させている、という正当な非難にさらされることになる。ストライキにおいてあなたは、あなたの社会の幸・不幸にたいするあなたのおおきな責任を示すことがない。あなたがストライキをするとき、あなたは仕事をしない。しかし、いつかあなたは自分の生命のために**働き**、ストライキをしなくなるだろう。それを仕事ストライキとよんでもよい、もし「ストライキ」ということばに固執したいならば。しかし、それはあなた自身と、あなたの子どもとあなたの妻とあなたの女の子と、あなたの社会とあなたの製品とあなたの農場のための、仕事によるストライキだ。あなたは、かれらの戦争のための時間などない。あなたはもっと重要な仕事があるとかれらに告げなさい。世界のそれぞれの都市のそとにおおきな柵をつくって、そこで外交官たちや将軍たちにころしあいをさせたらよい。これこそが、小人物よ、あなたがばんざいとさけばなくなり、あなた自身がなにものでもなく自分自身の考えをもたないということを信じるのをやめたときに、なされるはずのことなのだ。

すべてはあなたの手のなかにある、あなたの生命、あなたの子どもの生命、あなたのハンマーとあなたの聴診器。あなたは頭をふってわたしをユートピアンだとおもうだろう。または「アカ」だとさえおもうことを知っている。いつになったらあなたの生活が良く安全なものになるのか、あなたはたずねる、小人物よ。その答えは、あなたの生きかたとは無縁だ。

あなたの生活が良く安定したものになるのは、いきいきしていることのほうが安全保障よりもたいせつだとあなたがおもうようになったときだ。愛が金よりもだいじで、あなた自身の自由が政党の決定や世論よりもだいじで、ベートヴェンやバハの気分があなたの存在全体の気分になり（それはあなたのなかにあるのだ、小人物よ、あなたの存在のすみっこにふかくうめられて）、あなたの考えかたがあなたの感情と一致したり、ちがったりしなくなったときに。あなたの贈りものを時間をへずに理解できるようになり、あなたの老いゆくことを時間がたたないうちに認めることができるようになったときに。えらい戦士たちのあやまちのかわりに、大人物の考えをあなたが生きるようになり、あなたの子どもの先生が政治家よりも良い給料をもらうようになり、婚姻届よりも男と女の愛のほうによりおおくの尊敬をあなたがはらうようになり、こんにちそうであるのとはちがって、ておくれにならないであなたの考えかたにおけるまちがいに気がつくようになり、真理をきいたときに高揚を感じ、形式主義に恐怖を感じるようになり、あなたの職場の同僚と、だれかをあいだにたてることなしに、直接に交渉できるようになり、あなたの思春期の娘の恋の幸福があなたを怒らせるかわりに、よろこばせるようになり、幼児がかれらの愛の器官にさわったことで罰せられたとたまにきいても、頭をふるだけになるようになり、道で行きかう人びとの顔が自由と元気とよろこびを表現し、悲しみや不幸をあらわさなくなって、人びとはこの地上を、ひっこんで硬直した骨盤と死んだ性器をもって歩きまわらなくなるだろう。

23

あなたは指導と忠告を欲している、小人物よ。あなたは何千年も、良きにつけ悪しきにつけ、指導と忠告をされてきた。あなたがいまだに不幸なのは忠告が悪かったせいではなくて、あなた自身のつまらなさのせいなのだ。わたしはあなたに良い忠告をすることができるが、あなたのいまの生きかたと考えかたでは、それをみんなの利益のためにじっさいにうつすことはできないだろう。

すべての外交をやめるようわたしがあなたに忠告したとしよう。そして世界中すべての国ぐにのすべての靴屋・大工・機械工・技術者・物理学者・教育者・作家・行政官・鉱夫や農夫たちとあなたの職業的また個人的な兄弟愛でもって外交を置きかえることを忠告したとしよう。世界中すべての靴屋が全中国の子どもに靴を供給するのにいちばん良い方法を決定させるとしよう。また鉱夫たちをして、こごえ死にしないですむようにするにはどうしたらいいか、鉱夫たちが自分自身で決定するようにしよう。すべての国の教育者たちをして、のちにインポテンツや精神病にならないように新生児をまもるにはどうしたらよいかを決定させよう、といった提案をしたとしよう。あなたはなにをするだろうか、小人物よ、人間生活におけるこれらのあたりまえなことに直面して?

あなたはわたしにかならず告げるだろう、直接にか、あるいはあなたの政党・教会・政府または組合の代表者をとおしてかで(わたしをただちに「アカ」として牢屋にいれないばあいには)。「いったいぜんたい、わたしに職業と社会的業績の国際的な交流によって国際的な外交交渉を置きかえようとする権限なんかあるのだろうか?」。

または「経済と文化の発展における諸国間の相違をなくすことはできない」。

または「いったいあなたはわれわれをしてファシストのドイツや日本と、また共産主義のロシアと、また資本家のアメリカと取引きさせようというのか?」。

または「わたしはまず第一に、わたしのロシアの、ドイツの、アメリカの、イギリスの、ユダ

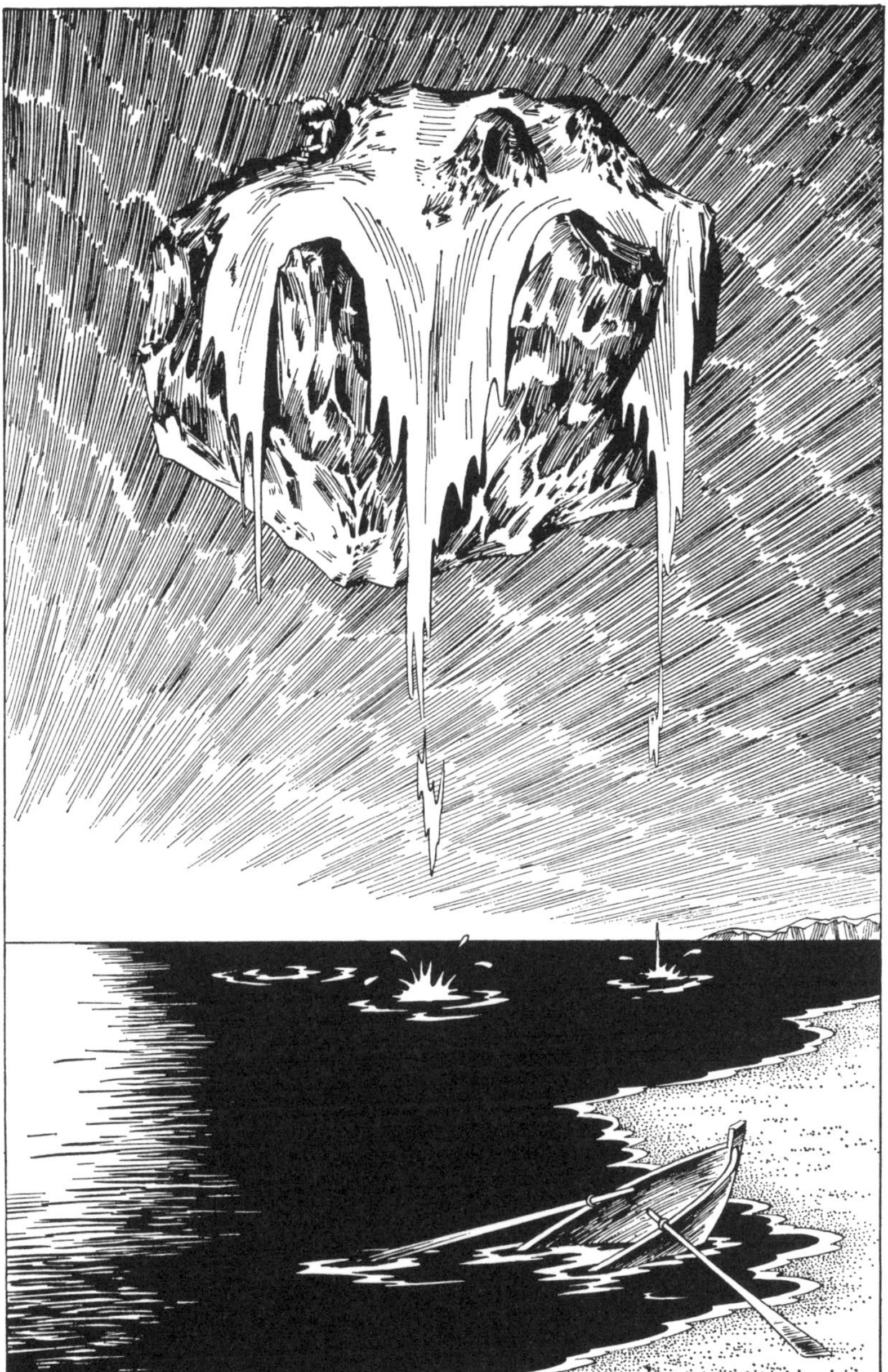

ヤの、またはアラブの祖国に関心がある」。

または「わたしはわたしの洋服屋組合をきちんとやっていくことで精一杯だ。よその国の洋服屋のことはだれかほかの人間にめんどうをみてもらう」。

または「こんな資本家の、ボルシェヴィキの、ファシストの、トロツキストの、国際主義者の、セックスきちがいの、ユダヤ人の、外国人の、知識人の、夢想家の、ユートピアンの、デマゴーグの、きちがいの、個人主義者の、無政府主義者のいうことなんかきくな。あなたにはアメリカの、ロシアの、ドイツの、イギリスの、ユダヤの意識がないのか?」。

あなたは絶対たしかにこれらのスローガンのどれかひとつを使って、人間的交渉にたいするあなたの責任をのがれるだろう。

「わたしはなきにひとしいのか? あなたはわたしのなかに良い性格をひとつも認めてくれない! とにかく、わたしはいっしょうけんめい働き、妻と子どもをやしなっている。わたしはきちんとした生活をして国につくしている。あなたがいうほど悪いはずがない!」。

わたしは知っている。あなたはきちんとした、堅実な、勤勉な生物で、ミツバチやアリのようだ。わたしがやったことはなにかといえば、あなたの生命を破壊させ、何千年ものあいだそうしつづけてきた、あなたの小人物を暴露することだった。あなたはおおきいのだ、小人物よ、あなたがそのようにちいさくつまらなくないときには。あなたのおおきさが、小人物よ、のこされた唯一の希望なのだ。あなたが偉大であるのは、あなたが仕事を愛しながらやるときだ、あなたが彫物や建築やペンキ塗りや装飾や種まきをたのしんでいるときだ、あなたが青空とシカと露と音楽と踊りとあなたの成長する子どもとあなたの女や男の美しい体をたのしんでいるときだ、あなたがプラネタリウムに行き、あなたの空を理解することをならったり、図書館へ行ってほかの男女たちが生きることについて考えたことを読むときだ。あなたは偉大なのだ、おじいさんとしてあなたが孫を膝の上にだきあげてとおいむかしのことを語るときに、あなたがふたしかな未来を孫の信頼する子どもっぽい好奇心のまなこに見るときに。あなたは偉大なのだ、母親としてあなたが生まれたばかりの赤ん坊を眠らせるとき、また、目に涙を浮かべて、心からその子の未来の幸福を願うとき、また年月の一時間ごとに、あなたがこの未来をかれのなかにきずくとき。

あなたは偉大なのだ、小人物よ、あなたがむかしの民謡をうたうとき、あなたがアコーディオンの調べにあわせて踊るとき。というのは、民謡はあたたかく慰め、世界中おなじだからだ。そして、あなたはあなたの友だちにこういうときに偉大なのだ。

「わたしは、わたしの良い運命に感謝する。それは、わたしにけがれと貪欲さから解放された生活をさせてくれ、わたしの子どもたちの成長、さいしょのかたこと、手をのばしてものをとること、歩くこと、遊ぶこと、質問をすること、笑ったり愛したりする経験をあたえてくれた。またわたしは、春と、そのそよ風、家のそばの小川のさざめきと森の鳥の歌にたいする感情をたもつことができた。またわたしは、悪意の隣人たちのうわさばなしにくわわらなかった。またわたしは、わたしのつれあいとだきあって幸福でわたしの体の生命の流れを感じることができた。また混乱のときにおいても、わたしはわたしの方向感覚をうしなわず、わたしの命が意味をもっていることをうたがわなかった。なぜなら、わたしはいつもわたし自身のなかの声に耳をかたむけたからだ。その声はいった。『問題になるのはたったひとつのことだけだ。自分の命をじょうずに幸福に生きるということ。あなたの心の声にしたがいなさい、たとえそれが気のちいさい人たちの道からはずれることであっても。かたくなったり、にがにがしくおもったりしてはいけない。生きることがときにはあなたを苦しめるとしても』。そして夕ぐれのしずかなときに、一日の仕事をおえて、わたしが家のまえの草地に妻や子どもといっしょに腰をおろし自然のいぶきを感じるときに、わたしはメロディーをきく、未来のメロディーを。『おお汝何百万人よ、我汝をいだく、世界すべてへの口づけをもって！』。そしてわたしは熱っぽく、この生命がそれの権利を主張し、大砲を響かせるかたくなで気のよわい魂を変えることを学ぶように祈る。かれらがそれをするのは、生命がかれらをさけたからなのだ。そしてわたしがわたしのちいさなむすこをだくと、かれはこうたずねる。『おとうさん、太陽がしずんだ。それはどこへ行ったの？　それはまた来るかしら？』。そしてわたしはいうのだ。『そうだよ、むすこ、それはまもなく帰ってきて、わたしたちをあたためてくれるだろう』」。

24

わたしは、あなたへのはなしかけの結論に到達した、小人物よ。あなたに告げることはもっともっとたくさんある。だが、あなたがこのはなしを注意ぶかく正直に読んでくれたなら、あなたは、わたしの示した以外のところでも、あなた自身が小人物であることを発見するだろう。というのはあなたのみみっちい行動や思想すべてにしみわたっているのは、いつもおなじ性質だからだ。

あなたがわたしにしてきたことや将来するだろうことがなんであっても、あなたがわたしを天才として栄光に包むとか、わたしを精神病院へいれるとか、わたしをあなたの救世主として崇拝するとか、スパイとして絞死刑にするとか、おそかれはやかれ必然があなたをしてつぎのことを理解させるだろう。すなわち、わたしは生きることの法則を発見した。そして意識的な目標をもって、あなたの生命を調節する道具をあなたに手わたした。それまでは、あなたはただ機械だけを調節することができたにすぎなかった。わたしは、あなたの有機体の忠実な技術者だった。あなたの孫たちは、わたしの足跡にしたがって人間性の良い技術者になるだろう。わたしはあなたのなかの無限にひろい生きることの場と、あなたの宇宙的な性格をあきらかにした。それが、わたしへのおおきな報酬だ。
独裁者たちや暴君たち、コソコソ野郎どもや、毒虫ども、くそブンブンやオオカミたちは、むかしの賢者がかつて予言したような運命におちいるだろう。

わたしは聖なることばの種を
この世界にまいた。
ヤシの木が死に、
岩が腐るずっとあとで、
輝く帝王たちが
腐った葉のように吹きとばされたずっとあとで、
すべての洪水のあとで一千の箱舟が

わたしのことばを運ぶだろう、
それはゆきわたるだろう！

【訳注】

〔1〕アメリカの南部白人を中心につくられた秘密組織。白人優越・反カトリック・反ユダヤをとなえ、国粋主義的傾向をもっている。
〔2〕ドイツ皇帝。
〔3〕ロシア皇帝。
〔4〕アメリカの財閥。
〔5〕ドイツの財閥。
〔6〕アメリカの財閥。
〔7〕アーリア人は、広義にはインド・ヨーロッパ語系の諸民族をさす。
〔8〕一八八二〜一九四五年。アメリカ第三二代（一九三三〜四五）大統領。かれがオランダ系であったことは、当時ほとんど知られていなかった。
〔9〕ユダヤ教会の牧師によって結婚させられることから生命がはじまるのではない、ということ。
〔10〕一八六七〜一九二二年。ドイツの実業家。政治家。第一次世界大戦後のドイツ経済の再建に努力したが、反動派に暗殺された。
〔11〕一八七一〜一九一九年。ドイツの革命家。第一次世界大戦後にローザ・ルクセンブルグとともにスパルタクス団の指導者のひとりとして反戦活動にしたがう。一九一九年一月のベルリン決起に失敗し、とらえられて虐殺された。
〔12〕earth bion ビオンは、ライヒによれば生物と無生物の中間物。無生物がオルゴン・エネルギーをあたえられ

るとビオンになる。

〈13〉一八七〇～一九一九年。ドイツの社会主義者・アナキスト。

〈14〉一八七八～一九三一年。ドイツのアナキスト。劇作家。

〈15〉一八八五～一九四六年。ドイツの政治家・ナチス党員。ユダヤ人大量虐殺の罪を問われニュールンベルク裁判で死刑。

〈16〉一八五〇～一九二四年。アメリカの政治家。保守派でT・ウィルソン大統領の理想主義に反対した。

〈17〉一八五六～一九二四年。アメリカ第二八代（一九一三～二一）大統領。進歩的な内政をおこない、国際的にも第一次世界大戦前後の平和に努力した。

〈18〉ニューヨーク市の区のひとつで住宅地。

〈19〉「アメリカ革命の娘」という女性の右翼団体がある。「アメリカ革命」は、日本でいう「独立戦争」のこと。

〈20〉一四八五～一五四七年。メキシコを征服したスペイン人。

〈21〉一八九七～一九九三年。黒人のアルト歌手。とくに黒人霊歌でしられている。

〈22〉「帰ってきたジョニー」というアメリカ民謡では、ジョニーは戦争から、傷つき見ちがえるほどボロボロになって帰ってくる。

〈23〉原形質（プラズマ）についての学会。ライヒは、アミーバの収縮について研究していた。

〈24〉一夫多妻または一妻多夫。プラズモゲニーというききなれない名前なので、とりちがえた。

〈25〉前出のアメリカ第三二代大統領F・ルーズヴェルト夫人。女性解放や平和運動に活躍した。

訳者あとがき——解題にかえて

「ライヒについて、なにからしゃべりはじめたらいいか?」。

「ライヒの位置づけをしてくださいよ」。

「それがねえ、むかしのように正面きって、かっこうよくできなくなってしまったのですよ」。

「なぜですか?」。

「あまりコトバというものを、みごとにつかってみせたくないんだな。とくにライヒなんかのしたことは、人間のノン・バーバルな面をたいせつにしろというか、コトバというものには、とくにかっこういいコトバづかいには、それは体制的思考そのものでしょう。それがいかにわれわれの生命力をおさえつけているか、ということをライヒはいったわけだから。つまり、せまい意味でいえば、ライヒの『性格分析』は、それまでの精神分析がコトバ主義だったのをうちやぶって、コトバだけではたちいれない領域へ入れるようにしたでしょう。それから、ひろい意味ではヒッピーとかヨガとか感受性訓練とか残酷演劇とかコンミューンとかフリー・セックスとかウーマン・リブとか、そういったもののおおもとのひとつだとおもう。自由をおそれる心理について説くエーリッヒ・フロムや、われわれの頭のなかには体制が種をまいて育てている精巧なリモート・コントロールが埋めこまれていると説くマルクーゼなども、ライヒから借りているわけだ。そういっているのはポール・グッドマンだけど、かれ自身『ゲシタルト・セラピー』という本をロア・パールズたちと共著で書いているが、ライヒにおうところが多いだろう。グッドマンは『新しい宗教改革』（一九七〇年〔片桐訳七一年、紀伊國屋書店〕）でこんなふうにいっている。

制度、テクノロジー、とコミュニケーションが「生物的核」までもおかし、ひとびとの性とかそのほかの欲求はもはや本物ではなくなっている。かれらの自発的な選択を信用することはできなくなった。意識下への暗示が無意識にしのびこみ、表面的快楽が社会統制の手段としてつかわれている、ちょうどハクスリーが描いた『すばらしい新世界』のように。このことは、一世代まえにウィルヘルム・ライヒによって強力に議論されたことであり、いまヘルベルト・マルクーゼによってくりかえされている。わたしが一九四〇年代にライヒ的たちばをおしだしたときに、わたしは「寝室改良主義者」としてC・ライト・ミルズやマルクシストたちからひどく攻撃されたが、これはいまでは戦闘的な若い人たちのあいだでは正統派になっている」。

「れいによってカタギリさんはグッドマンべったりですからね」。

「自分ではうまくいえないことを、かれはうまくいってくれるからね。だけどライヒは、グッドマン経由ではないよ」。

「なに経由ですか?」。

「A・S・ニイル経由だ」。

「ニイルって、あの自由学校の?」

「あるどころではない。どの本をよんだって、ライヒ、ライヒと尊敬がでてくるじゃないか。それなのに教育家は、ニイルにはふれても、ライヒにはふれない。ある立ち止ってしまう一線というのがあるんだな。論理的にいけば、とうぜんそうなるのに、それの結果が現実感をもって、目に見えてくると、こわくなるんだな。フロイト自身が、リビドー説をそのまま発展させていけば、かれの住んでいた社会と正面衝突することになるだろう。もちろん、すでに衝突はしていたけど、それをやわらげるような方向へと、死の本能だとか昇華だとかいう説を、だんだんしんどくなると晩年はだしてきた。ライヒによれば一九二五年のフロイトの写真は、とても悲しそうな顔をしてる。それは二重のあきらめをしてしまった。——ライヒによれば、フロイトの結婚生活はあまり幸福なものではなかったというが、それをあきらめた。もうひとつは、リビドー説をこれ以上おしすすめるのをあきらめたという。そして、あきらめると同時にフロイトは、口のガンがはじまったという」。

「ライヒの結婚生活はどうだったのですか?」。

「いまは紙面のよゆうがないから、たちいらないとして」。

「うまくにげましたね」。

「にげはしないよ。そのかわり、このあいだ性の自由の問題についてしゃべらされたとき、聴衆のひとりが、そのようにセックス、セックスとさわぐのは、それは、さわぐひとは、よっぽど不満足な性生活をしているんでしょうね、といった。そのとおりだ、とぼくはこたえるよ。そして、つけたすよ。——いまの世のなかで、そうでないひとがどれだけいるか? あなたは、自分自身をいつわっているのではないか? それこそライヒのいう、性格のヨロイだね」。

「なんですか。性格のヨロイって」。

「ひとはよわいものだから、こわいものにたいしては筋肉をかたくして武装する。しかし、こわいことが去ったあとでも、そういうことがくせになると、ヨロイをぬがなくなる。そのひとのうごきはギコチナク、生命のエネルギーがスムーズにナガレなくなる。

セックスだけをよくしようとしても、よいオルガスムにならないんだよ、わるい組織のなかでわるい人間関係で、わるいしごとをしていたら。だから、どうしても社会ぜんたいを変えなくてはならない」。

「そこからライヒのいう《ワーク・デモクラシー》が出てくるのですか」。

「ライヒは、労働過程に発生する疎外について、若きマルクスの概念にまでさかのぼって検討した。そしてかれのいうワーク・デモクラシーは、いわゆる「直接民主主義」や、グッドマンの分権主義や、柳宗悦のギルド社会主義みたいなものと、ちかいようだ。そしてライヒ自身は激情のおもむくままに仕事をしたようだが、そういうナカミ主義は、ナカミのない人間からの攻撃の的となる。自信のない人間、エリックソン流にいえば自己確認の不たしかな人間、ライヒ流にいえばヨロイをきた小人物、いまのことばでいえばオーガニゼーション・マンというか――かれらにとってはライヒのような生命力あふれる人間は、こわくてしょうがない。それで抹殺しようとするんだな。しかも、ナカミでは自信ないから、つねに手続論でくる。メイン州で医者の開業免許をもっているか、とか。けっきょくこれでひっかけられて、法廷侮辱罪という手続論的なことで有罪、懲役二年という判決になった」。

「でも、そのころのライヒは、いささか気がおかしかったというではありませんか?」。

「そりゃー、気もおかしくなるだろうよ。ふつうの人間だったら、あれほどいじめられつづけたら。まるで論理が逆だ。ちょうど、このあいだフォークソングのことでテレビにでたら、司会者が、このごろプロテスト的なフォークソングはちっともマスコミではやりませんね、といった。民放連が要注意歌謡曲として放送禁止に指定しておきながら、まるではやらないのはフォークのナカミがよくないから自業自得なんだろう、といういいかたをする。おなじやりかたで体制的思考の人間はこういうだろう。ライヒのかんがえが、そんなにいいものなら、もっとひろまって、うけいれられていたはずだ、と。一方の手で本を焼き、ひろまるのをじゃましていたくせに。おなじことを黒人などについてもいうわけだろう。南ア共和国では、白人児童の教育は無料かつ強制であるのに、黒人児童は有料かつ義務教育でない。そして、黒人は字もよめないといってあざわらう」。

「いささか感情的なのではないですか、カタギリさんは。あまりにもライヒのばあいと同一視してしまって」。

「ライヒほどえらい人間じゃありませんよ、ぼくは。ライヒのように医学的訓練もうけていないし、患者をみることもできないし、自然科学もできない。ベルリン時代のライヒのように青少年の性をまもり、精神病の予防のために、政党にはいり、大衆とじかに接し、パンフを書き、演説をし、というエネルギッシュな活動はとてもできない。だけど、いまだに、輸入業者や、えらいひとたちは、はっきりライヒのがわにたつことをおそれているのではないか？　ぼくの『生物的核』の問題について、ライヒはじかにこたえてくれる。そういう感情的核なしの、シンボル操作だけによるかっこういい紹介こそ、ライヒはしりぞけるだろう」。

「ライヒべったりでなくてはいけない、ということですか」。

「論壇のスタイルというものがあるだろう。ライヒの性格分析まではみとめるが、性経済はまちがってるとか、性経済は賛成だが、オルゴン・エネルギーはどうもとか。そういう知識人の話題みたいなものではなくて、どうも、おれのオルガスムはうまくないらしいとか、あれはおれのなかの小人物のしわざだったのか、とかそういうことを、ヨロイを着ないで、あけすけに、しゃべれるようにすることを努力するとか、自分の筋肉のコリに気がつくとか、そういうことがたいせつだとおもうんだ。そういうみでは、この『きけ 小人物よ！』は、ライヒ自身のなかの小人物や弱点もさらけだしていて、友人たちがこれの出版に反対だったというのは、そういうことだったろうけど、われわれ小人物にとっては、努力目標としてよいかもしれない」。

「けっきょくライヒの説を一言でいえばどういうことなのですか？」。

「ライヒ自身のことばで要約すればこうなるね。自然の流れというものがあったら、それは流れるがままにしなくてはならない。それをどこかでせきとめたら、それはあふれる。これだけだ。ところが、生エネルギーの自然な流れがせきとめられれば、それはあふれでて、非合理性とか、倒錯とか、神経症とかいった結果になる。これをなおすのにどうしたらよいか？　その流れをほんらいの河床にもどし、自然に流れるがままにもどすことだ。これには教育・育児・家族生活でものすごい改革をしなくてはならない」。

「あたりまえではないですか」。

「ひとをころすのがいけないとおなじく、あたりまえすぎて、議論にするのがしんどいね。しかも戦争とおなじく、この明白な真理に反することが、日常のすみずみにいきわたっている」。

「それが小人物なのですね」。

「それからライヒは『オルガスムの機能』（渡辺武達訳、ウィルヘルム・ライヒ著作集1、太平出版社、一九七三年）で書いているように性感帯の電気現象をオッシログラフをつかってしらべてとうじは気ちがいといわれたりしたが、そのご二十何年たってマスターズとジョンソンがやったことだし、人体の帯電現象は一部の医師には知られていた事実だが、非科学的といわれるのをおそれて公表されないことがおおかったらしい。しかし、ライヒの奥さんだったイルゼ・オーレンドルフの伝記をよむと、オルゴン現象として、いろいろふしぎなことがおこったことは事実のようだし、ルドルフ・フォン・アーバン博士は性のいとなみを生体電気の交流としてとらえ、ライヒをこえようとさえしている」。

「そこまではついていけませんね」。

「友部正人の歌に『あつくならない魂をもつ人はかわいそうだ』というのがあるが、いちどでも、あつくなったことのあるひとは、この真理を一瞬間かもしれないが、かいま見ているはずだ。こういう経験はテコになり得るのではないですか」。

「はなしはかわるけれど、このあいだ『朝日新聞』に連載で『黒い世界・第四部、続南ア共和国』というのがあったけど、性と差別と経済とファシズムが密接にからまっているライヒ的状況を、南ア共和国は拡大鏡にかけて見せてくれますね。程度の差こそあれ、日本もこうではないですか」。

「だからライヒの『ファシズムの大衆心理』（上・下、平田武靖訳、せりか書房、一九八六年）をヒトラーのドイツの現象だけにとじこめておこうというのは、小人物の防衛的メカニズムだ。

南アのこのどうしようもない弾圧体制でさえ、責任は自分にあるのだと、黒人たちは、こう歌っている」。

ああ哀れな南アの黒人よ
すべての国はわたしたちを見くだしている
どうすればいいのだろう

あやまちはわたしたちにある
あやまちはわたしたちにある

一九七〇年一一月一五日

片桐ユズル

本書の一部に、身体的・精神的疾患や症状について、こんにちの人権意識に照らして不適切とみなされる表現が用いられています。これらはけっして偏見・差別を肯定するものではなく、著者が人権と平等への確固たる信念のもと、現実の人権侵害と不平等を反照する目的で用いた表現であり、本復刻版でも旧版同様、原文に忠実な訳語を採用いたしました。ご理解下さいますようお願い申し上げます。〔編集部〕

ウィルヘルム・ライヒ（Wilhelm Reich 1897〜1957）

旧オーストリア・ハンガリー帝国領ドブリャヌィチ生まれの精神分析医。はじめウィーン大学法学部に学ぶものちに医学部に入りなおし，敬愛するフロイトの指導をうける。1922年医学博士の学位を取得。卒業後はウィーン精神分析診療所に勤務し，精神分析とマルクス主義の統合をめざし活動するかたわら，精神分析技法ゼミナールを主宰し研究と教育にあたった。患者の態度やふるまいにあらわれる防衛的抵抗に注目する「性格分析」の理論と技法を追求し，古典的精神分析から現代の自我心理学的精神分析への発展の緒をひらいた。社会的抑圧から性を解放し，健康なオルガスムを体験する能力を獲得することこそ人間的生の基盤であると説く「性革命」の理論で知られる。

1930年ベルリンに移住し，ドイツ共産党に入党。33年，ファシズムを性的抑圧による神経症と分析した『ファシズムの大衆心理』を上梓，自身ユダヤ系であったこともありナチス政権の不興を買う。同年ドイツ共産党から，翌34年には国際精神分析学会から除名され，ナチスにも追われストックホルムを経てオスロへ亡命。

オスロ大学での研究中，滅菌した肉汁のなかに小胞（ビオン）を発見，1939年にはその継続研究中に宇宙的エネルギーを発見し，これを「オルゴン」と名づけた。その異端性はノルウェーでも批判をあびることになる。前年の38年，コロンビア大学の精神医学教授Th・P・ウォルフ（本書の英訳者）がオスロをおとずれ，ライヒの教えをうける。以後ウォルフは終生ライヒをささえつづけた。

1939年，ウォルフの支援でアメリカに亡命，ニューヨークに住む。デューイらが創設したニュー・スクール・フォー・ソーシャル・リサーチ（現ニュー・スクール大学）で医学心理学の教鞭をとるかたわら，A・S・ニイルの分析医となり，以後親しくまじわる。40年メイン州レーンジェリーに移住，支援者をえてオルゴン研究所「オルゴノン」を設立，オルゴンの研究をつづける。ひとがなかにはいることでオルゴンを効果的に集積・放射する装置「オルゴン・アキュムレータ」を開発，売りだしたところ，54年にアメリカ食品医薬品局により「がん治療機の不法製造販売」で訴えられる。裁判所は装置の販売禁止だけでなく，ライヒの全著作の出版差し止めを命じた。しかしライヒは裁判所命令にしたがわず，56年，連邦裁判所は法廷侮辱罪で2年の禁固刑およびウィルヘルム・ライヒ財団に1万ドルの罰金を科した。ライヒは上告・保釈をへて57年に収監，9か月の禁固ののち，11月3日コネチカット刑務所で心臓発作で死去した。（文責：編集部）

【訳者紹介】

片桐《かたぎり》ユズル

1931年東京に生まれる。1955年早稲田大学大学院文学研究科修士課程修了。1959〜60年アメリカのサンフランシスコ州立大学に学ぶ。京都精華大学名誉教授。「英語教育」「意味論」などで知られる。著書に『詩のことばと日常のことば　アメリカ詩論』(思潮社, 1963),『意味論入門』(思潮社, 1965),『意味論と外国語教育』(くろしお出版, 1973),『はじめてのにほんご 改訂版』(大修館書店, 1993),『メディアとしてのベーシック・イングリッシュ』(京都修学社, 1996) など。詩集に『専問家は保守的だ』(思潮社, 1964),『わたしたちが良い時をすごしていると』(コールサック社, 2011) など。訳書にポール・グッドマン『新しい宗教改革』(紀伊國屋書店, 1971),『ボブ・ディラン全詩集』(共訳, 晶文社, 1974), ウィルヘルム・ライヒ『キリストの殺害』(共訳, 著作集4, 太平出版社, 1979), ルドルフ・フォン・アーバン『愛のヨガ』(野草社, 1982), ジェレミー・チャンス『ひとりでできるアレクサンダー・テクニーク』(誠信書房, 2006), オルダス・ハクスリー『多次元に生きる』(コスモス・ライブラリー, 2010) など。

復刻版　きけ　小人物よ!

2017年2月25日　初版第1刷発行

訳　者　片桐ユズル
発行者　武市一幸

発行所　株式会社　新評論

〒169-0051　東京都新宿区西早稲田3-16-28
http://www.shinhyoron.co.jp

電話　03 (3202) 7391
FAX　03 (3202) 5832
振替　00160-1-113487

定価はカバーに表示してあります
落丁・乱丁本はお取り替えします

装丁　山田英春
組版　三月社
印刷　神谷印刷
製本　松岳社

Ⓒ片桐ユズル　2017

ISBN978-4-7948-1061-8
Printed in Japan

JCOPY　〈(社)出版者著作権管理機構 委託出版物〉

本書の無断複写は著作権法上での例外を除き禁じられています。複写される場合は, そのつど事前に, (社)出版者著作権管理機構 (電話 03-3513-6969, FAX 03-3513-6979, E-mail: info@jcopy.or.jp) の許諾を得てください。

好評既刊

谷　喬夫

ナチ・イデオロギーの系譜

ヒトラー東方帝国の起原

絶命政策と対をなす，世界支配を賭けた生存圏構想の来歴を思想史のなかに丹念に位置づけ，「蛮行」の全貌を明らかにする。

[四六上製　256 頁　2300 円　ISBN978-4-7948-0924-7]

G.ナップ／滝沢正樹・木下一哉訳

評伝エーリッヒ・フロム

20 世紀最高の精神分析学者・社会学者の生涯をたどりつつ，その世界観＝人道主義的社会主義の成立過程を追う。

[四六上製　324 頁　3200 円　ISBN4-7948-0210-2]

T.H.オグデン／和田秀樹訳

「あいだ」の空間

精神分析の第三主体

土居健郎氏推薦！米国気鋭の論客が，高度な精神分析の世界を豊富な臨床事例で平易に説く。訳者による詳細な解説付き。

[A5 上製　320 頁　3200 円　ISBN4-7948-0290-0]

R.ヌービュルジェ／藤田真利子訳

新しいカップル

カップルを維持するメカニズム

カップル研究の第一人者が，つがいの「自己治癒能力」を高めるセラピーの実践をふまえ，問題の見定め方と解決策を伝授。

[四六上製　216 頁　2000 円　ISBN4-7948-0564-0]

B.スティグレール／G.メランベルジェ＋メランベルジェ眞紀訳

象徴の貧困

1 ハイパーインダストリアル時代

未来を生み出す時間が脅かされている。いま「文明国」に蔓延する精神の貧困を超え，真に「個」となるための象徴的活動を探求。

[四六上製　256 頁　2600 円　ISBN4-7948-0691-4]

《表示価格：消費税抜き本体価》